早わかり
子ども・子育て支援新制度

現場はどう変わるのか

編著
佐藤純子・今井豊彦

ぎょうせい

はじめに

　平成24年8月に子ども・子ども子育て支援関連3法が公布され、いよいよ平成27年度からは、「子ども・子育て支援新制度」が実施される予定となっている。「子ども・子育て支援新制度」とは、これまで年金、医療、介護に用いられてきた財源を子育ての分野にも充当し、社会保障の大きな枠組みのなかで子どもと子育てについても支援していこうとする仕組みを示している。

　新制度の施行（平成27年度）に向けて、この秋からは、諸々の事務手続きが開始されることになっているが、新制度の中身については、現場の保育者や利用者となる保護者にはほとんど伝わっていない。また、新制度の実働部隊となる自治体職員でさえも制度について熟知する者は少ない。この先、実際に制度の手続きや事務処理、運用を行っていくのは、基礎自治体の役割である。その上で利用者（保護者）に向けた新制度に関する情報提供や利用方法などを提示していく必要性も出てくる。しかしながら、制度そのものが、非常に複雑で分かりにくく、地域による事業内容の違いもあることから未だに新制度についての認知度は低い。具体的なわかりにくさの要因として以下の諸点、①保護者の保育の必要性について「支給認定」がなされるようになること、②給付の仕組みが変更されること、③給付認定のための確認制度が創設されること、④保育所、幼稚園とともに「認定こども園」や小規模保育など多種多様な事業が推進されること、⑤地域子育て支援事業のさらなる充実や新たに利用者支援員制度が導入されることなどがあげられる。

　現在は、各自治体による条例化や制度計画に向けた準備段階にあることから、種々の決定事項が変更される可能性も大いにある。こうした流動的な側面も新制度を把握しづらくさせる一因となっている。これほど

大がかりで複雑な制度改革を敢行するのだから、新制度に対する「つかみどころのない印象」が拭えないのは、この時期ばかりは致し方ないことなのかもしれない。大切なのは、これからのことである。つまり、2015年4月の新制度施行を目指し、いかに一人ひとりが制度導入に向けて準備を進めるのか、また、実際に制度を運用・利用していくのかが肝要となってくる。

　本書は、「子ども・子育て支援新制度」についての入門書という位置付けのもと、新制度について具体的にわかりやすく解説することを目的に作成した。そのため本書は、従来にない現場発信の概説書となっており、何よりも現場の目線から新制度を伝えることに注力している。

　本書の執筆者は、日々現場で保育や教育に携わる園長や事業主、東京都や市区町村の「子ども・子育て会議」に出席している委員たち、保育士に向けた研修事業に従事する者、社会保障の動向を最前線から伝える記者、市民活動者や地域子育て支援事業の従事者などさまざまな実務家によって構成している。このことも、本書の大きな特徴といえるであろう。

　新制度の実施主体となる基礎自治体の職員はもちろんのこと、保育士や幼稚園教諭をはじめとする保育者、子育て支援従事者、当事者である保護者の方々にも本書をお読みいただき、少しでも「子ども・子育て支援新制度」についての知識を養い、わが国における「子どもを中心とした」福祉の実現と向上に役立てていただけたら幸いである。

平成26年12月

佐藤純子

目次

はじめに ……………………………………………………………… 1

● 序　章　子ども・子育て支援新制度とは
　　　　　－子ども・子育て関連施策の変遷－ ……………………… 7
■1　わが国における子育て支援施策のあゆみ…………………… 7
■2　「認定こども園」制度下の幼保一元化 ……………………… 10
■3　3党合意と「子ども・子育て関連3法案」の策定………… 11
■4　「子ども・子育て関連3法」に基づく新たな制度 ………… 13
■5　「子ども・子育て支援新制度」導入の背景 ………………… 16
■6　「子ども・子育て支援新制度」導入の目的 ………………… 18
■7　給付のあらまし……………………………………………… 21
■8　教育・保育の必要性に関する認定………………………… 23
■9　新制度における利用フロー………………………………… 26
■10　保育供給資源の確保について……………………………… 30
■11　「子ども・子育て支援新制度」への本格実施に向けて …… 33
■12　まとめ………………………………………………………… 37

第1部　子ども・子育て制度の改変
● 第1章　制度はどう変わるのか－お金の流れ…………………… 44
■1　消費増税と社会保障4経費………………………………… 44
■2　待機児童解消加速化プラン………………………………… 45
■3　切実な保育士不足と確保施策……………………………… 47
■4　私立幼稚園・保育所等・認定こども園の職員の処遇改善………… 50
■5　施設整備費…………………………………………………… 53
■6　変わるお金の流れ〜直接契約へ〜………………………… 54
■7　利用者の立場から…………………………………………… 55
■8　施設の立場から……………………………………………… 58
■9　請求事務と徴収業務について……………………………… 61

10	施設型給付等の会計処理・使途制限	
	～株式会社の保育所整備が容易に～	63
11	認可保育所を目指す認可外保育施設への支援～公定価格の	
	試算からみる、認可外保育施設の認可保育への移行について～	65
12	確認制度「施設整備と撤退について」	70
13	認可外保育施設の利用者支援の拡充を	72

●第2章　新制度をいかに理解するか－用語解説－ … 74
1	はじめに	74
2	法律制定の背景	74
3	子ども・子育て支援法の趣旨	76
4	教育・保育の観点	78
5	用語解説	80

第2部　変わる教育・保育の場

●第3章　幼稚園・認定こども園 … 110
1	なぜ、「新制度」なのか？	110
2	「新制度」になると、どう変わるのか？	116
3	新制度に移行しない園がなぜ存在するのか？	123
4	新制度の中での認定こども園とは？	126
5	認定こども園のメリットは？	129
6	実践例	133
7	今後の課題	141

●第4章　保育所 … 144
1	施設の運営	144
2	保護者	150
3	子どもたち	153
4	保育者	155
5	社会的なこと	169
6	現段階での自園での実践例	173
7	今後の課題と進むべき将来性	179

目　次

第3部　拡がる保育・子育て支援の場

- 第5章　地域型保育と放課後子ども総合プラン……………………… 184
  1. 地域型保育への期待………………………………………………… 184
  2. 子どもの権利の保障………………………………………………… 188
  3. 地域型保育事業……………………………………………………… 192
  4. 放課後子ども総合プラン…………………………………………… 205

- 第6章　地域子育て支援の充実………………………………………… 217
  1. 新制度へ期待すること……………………………………………… 217
  2. 地域で子どもを育てるために……………………………………… 217
  3. 地域子ども・子育て支援事業の概要について…………………… 220
  4. それぞれの事業を実施するに際して……………………………… 223
  5. 地域の子育てをデザインするために……………………………… 230
  6. 地方版子ども・子育て会議への期待……………………………… 232
  7. まとめにかえて……………………………………………………… 234

- 第7章　子ども・子育て新制度と保育者……………………………… 236
  1. 新しい職名としての「保育教諭」………………………………… 236
  2. 幼稚園教諭と保育士を数字で見ると……………………………… 238
  3. 保育教諭と幼保連携型認定こども園教育・保育要領…………… 242
  4. 保育教諭になるには………………………………………………… 244
  5. 子育て支援員（仮称）制度とは…………………………………… 248
  6. 保育教諭〜これからの課題………………………………………… 251

- 終　章　子ども・子育て支援新制度の実施に向けて－今後の流れと課題－… 255
  1. 施行を前に広がる期待と不安……………………………………… 255
  2. 子ども・子育て支援3法は「奇跡の果実」……………………… 257
  3. 改革の狙い──「戦後システム」からの卒業…………………… 260
  4. 基本の理念は「全ての子どもの育ちを社会で応援」…………… 264
  5. 人口減少の時代に求められること………………………………… 266
  6. 「少子化神話」を抜け出した国々の共通項 ……………………… 270
  7. 新制度に残された課題は…………………………………………… 274

おわりに ……………………………………………………………… 279
執筆者一覧 …………………………………………………………… 281

序章 子ども・子育て支援新制度とは
―子ども・子育て関連施策の変遷―

1 わが国における子育て支援施策のあゆみ

　わが国の合計特殊出生率[i]は、1975年に2.0を下回ってから約40年もの間、継続して低下傾向にある。1989（平成元）年には、戦後の過去最低であった1966（昭和41）年の1.58を下回ることとなり、その数値が1.57になったことから、いわゆる「1.57ショック」と呼ばれ、少子化の問題が露呈してきた。1992（平成4）年になると、育児休業法が公布されることになり、保育所の需要がさらに高まり、乳児保育や延長保育などを始めとする保育内容の充実と長時間保育の実施が図られるようになった。1994年には、文部・厚生・労働・建設の4大臣合意によって、今後10年間に取り組むべき基本的方向と重点施策を定めた「今後の子育て支援のための施策の基本的方向について」が定められた。いわゆる「エンゼルプラン」である。この施策では、保育の量的拡大や0歳児～2歳児の低年齢児に対応する保育、延長保育等の多様な保育の充実、地域子育て支援センターの整備等を図るための「緊急保育対策等5か年事業」が推進され、目標年次を1999（平成11）年度とした。

　その後、1999年12月には、「少子化対策推進基本方針」（少子化対策推進関係閣僚会議決定）と、この方針に基づく重点施策の具体的実施計画として「重点的に推進すべき少子化対策の具体的実施計画について」が策定された。この施策は、「新エンゼルプラン」と呼ばれ、当時の大蔵、

文部、厚生、労働、建設、自治の6大臣合意によって定められた。「新エンゼルプラン」は、「エンゼルプラン」と緊急保育対策等5か年事業の見直しによって策定され、2000（平成12）年度から2004（平成16）年度までの5か年計画として実施された。「新エンゼルプラン」には、保育サービスの充実とともに雇用、母子保健、相談、教育等の事業内容が盛り込まれている。2001（平成13）年4月に発足した小泉内閣では、「仕事と子育ての両立支援策の方針について」が閣議決定され、「待機児童ゼロ作戦」が打ち出された。こうした初期段階の少子化対策は、①複数の省庁が議論を重ね、②社会全体で少子化を食い止めようとした点で先駆的であった。しかし、その中身は共働き世帯への子育て支援が中心であったため、主として保育サービスの拡大や拡充策に留まった。

　2000年以降もなお、少子化の勢いが止まらないことから、少子化の流れを変えるためのもう一段の少子化対策として、2002年に「少子化対策プラスワン」が策定された。この施策では、子育てと仕事の両立支援が中心であった従来の対策に加え、「男性を含めた働き方の見直し」「地域における子育て支援」「社会保障における次世代支援」「子どもの社会性の向上や自立の促進」という4つの柱に沿った対策が目指されることとなった。また、家庭や地域の子育て力の低下に対応し、次世代を担う子どもを育成する家庭を社会全体で支援する観点から、2003（平成15）年7月には、地方公共団体及び企業における10年間の集中的・計画的な取組を促進するための法律として「次世代育成支援対策推進法」（平成15年法律第120号）が制定された。さらに同年9月になると、少子化社会において講じられる施策の基本理念が示され、少子化に対し的確な対処をするための「少子化社会対策基本法」（平成15年法律第133号）が施行された。また、少子化社会対策基本法に基づいた「少子化社会対策大綱」が2004（平成16）年6月に閣議決定され、そこでは「3つの

序章　子ども・子育て支援新制度とは ─子ども・子育て関連施策の変遷─

視点」と「4つの重点課題」及び「28の具体的行動」が提示された。

　2004年12月になると、「少子化社会対策大綱」に盛り込まれた施策の効果的な推進を図るため、「少子化社会対策大綱に基づく具体的実施計画について」が少子化社会対策会議において決定した。この施策は、「子ども・子育て応援プラン」と呼ばれ、2005（平成17）年度から2009（平成21）年度までの5年間に国が地方公共団体や企業等とともに計画的に取り組む必要がある事項についての具体的な施策内容と目標を掲げている。また、幼稚園と保育所の連携と施設の共有化を図るための「幼保一元化」の推進についても提言がなされた。具体的には、「三位一体改革（国から地方への税源移譲）」と呼ばれ、この改革では、施設を設置・運営するための「最低基準」を緩和すると同時に、財政効率の高い幼稚園と保育所の制度を一元化していこうとする動きがみられた。その後2006（平成18）年10月になると、「就学前の子どもに関する教育、保育等の総合的な提供の推進に関する法律案」、いわゆる「認定こども園法案」が成立するに至った。

　さらに2007（平成19）年12月には、少子化社会対策会議において「子どもと家族を応援する日本」の重点戦略が取りまとめられた。この重点戦略では、就労と出産・子育ての二者択一構造を解決するためには、「働き方の見直しによる仕事と生活の調和（ワーク・ライフ・バランス）の実現」「包括的な次世代育成支援の枠組みの構築」が必要であるとし、就学前の子どもに対する制度を一元的なものとする考え方がより一層強調されていった。こうした動きは、「子ども・子育て新システム」や「子ども・子育て関連3法」がつくられるための礎となったことはいうまでもない。

　2010（平成22）年になると、2004年に策定された「少子化社会対策大綱」が5年ぶりに見直され、社会全体で子育てを支え、個々の人々の

希望がかなう社会の実現を基本理念とする「子ども・子育てビジョン」が定められた。めざすべき社会への政策として4つの柱①子どもの育ちを支え、若者が安心して成長できる社会 ②妊娠、出産、子育ての希望が実現できる社会 ③多様なネットワークで子育て力のある地域社会 ④男性も女性も仕事と生活が調和する社会の実現が掲げられ、それとともに12の主要施策が提示された。

2 「認定こども園」制度下の幼保一元化

　わが国のこれまでの少子化対策や子ども・子育て関連施策を概観すると、初期の頃の施策は、保育サービスの充実を通じた共働き世帯への支援事業が中心であった。しかし、仕事と子育ての両立支援だけでなく、片働き世帯への支援についてもその必要性が高まり、より包括的な次世代育成支援の観点からの取り組みが進められるようになった。次世代育成という視点で制度を推進するためには、就学前の子どもたちが平等に教育や保育を受けることのできるシステムの確立が不可欠となってくる。こうした視点に基づき、2006年には「就学前の子どもに関する教育、保育等の総合的な提供の推進に関する法律」いわゆる「認定こども園法」が成立し、幼稚園と保育所の両方の機能をあわせもつ「認定こども園」の設置が規定された。この法案では、園と保護者が直接契約を行う「幼保」の統合施設として、「認定こども園」を実施していく旨が示され、「幼保一体化」（当時は、「幼保一元化」と呼ばれていた）の機運が熟していった（伊藤、2012）。ところが、2009年8月になると、衆参選によって民主党政権が誕生する運びとなった。それでも新政権下においては「幼保一体化」の動きが減速することはなかった。続く2010年（平成22年）には「子ども・子育て新システム」の検討会議が設置され、諸々の討議

が始められた。同年6月に決定した「子ども・子育て新システムの基本要綱」では、「認定こども園」について①幼稚園・保育所・認定こども園の垣根を取り払い（保育に欠ける要件の撤廃等）、新たな指針に基づき、幼児教育と保育をともに提供する「こども園」に一体化し、新システムに位置付けること、②「認定こども園」については、「幼保一体給付」の対象とすることが記されている。2012年には、消費増税に合わせて導入する新たな子育て支援の新制度案をつくることが閣議決定された。当初の構想では、「幼保」を一体化した新施設である「総合こども園」を設立し、就学前の子ども（対象は、すべての0歳〜5歳児）に対する政策を一本化することが示されている。ただし、3歳未満児の受け入れは施設側に決定権を保持する形をとることとした。そして、一定の基準を満たすことができれば、幼稚園や0歳〜2歳児のみを受け入れる保育所であっても、「総合こども園」としての指定を受けられるようにした。つまり、「総合こども園」として3種類の機関が混在する方向で新システムが推進されることになったといえよう。さらに目標値の一つとして、約2万3,000箇所あるすべての保育所を2018年（平成30）年までに「総合こども園」とする旨が示された。一方、日本全国で30％の空きがある幼稚園に対しては、「総合こども園」への移行を促し（幼稚園は手あげ方式）、待機児童の解消を目指すことが明示されている。制度改革に必要とされる費用は、2015（平成27）年を目途に総額約1兆円が見込まれ、その費用を消費増税でまかない、0.7兆円分を子ども・子育て支援の事業に充てる方向で進めることが決まった。

❸ 3党合意と「子ども・子育て関連3法案」の策定

　幼稚園と保育所を一元化や一体化する議論は、これまでも長い間なさ

れてきた。近年の議論では、①保護者の就労の有無によって利用できる機関が限られてしまうこと、②就労世帯の増加により保育ニーズが高まっていること、③保育所に入れない待機児童問題が解消されていないこと、④少子化の影響から地域によっては子どもの発達に必要な子ども集団が形成できていないこと、⑤育児不安が強いとされる専業主婦世帯に対する子育て支援が求められていること、⑥二重行政となると財政面でも効率的でないことなどが論点としてあげられている。そのため、制度の枠組みを越えた柔軟な対応が必要となり、幼稚園と保育所の良い面を生かしつつ、その両方の役割ができるような新しい仕組みを創設するという観点から、2006（平成18）年に「認定こども園法」が制定されたのである。しかし、長年にわたって別々の文化で実践されてきた日本の幼稚園や保育所を「総合こども園」として一つの施設にしていく計画に対し、幼稚園側からも保育所側からも大きな反発が起き審議は難航した。

　そのため、2012（平成24）年6月には、民主党、自民党および公明党の3党による修正協議が始まった。その結果、「子ども・子育て関連3法案（以後、「子ども・子育て新システム」という言葉は用いられていない）」が「社会保障・税一体改革」に関わる法案として改めて審議されることとなった。ところが、「ねじれ国会（衆参で与野党の勢力が異なること）」のためにその審議は難航した。最終的には、民主党、自民党、公明党の3党が合意する形で争議は収束し法案が成立するに至った。

　ここで、上記に示した3党による「社会保障・税一体改革に関する確認書」（2012年6月15日付）をみてみることにしよう。そこでは、「総合こども園法案」を撤回し、「認定こども園法」を一部修正することが明記されおり、①「幼保連携型認定こども園」を単一施設として、認可

序章　子ども・子育て支援新制度とは ─子ども・子育て関連施策の変遷─

や指導監督などを一本化したうえで、学校及び児童福祉施設として法的に位置付けること、②新たな「幼保連携型認定こども園」については、既存の幼稚園および保育所からの移行は義務付けないこと、③新たな「幼保連携型認定こども園」の設置主体は、国、地方公共団体、学校法人または社会福祉法人とすることが示された。さらに、「子ども・子育て法案」については、①認定こども園、幼稚園、保育所を通じた共通の給付および小規模保育等への給付を創設すること、②民間保育所については、市区町村が委託費の支払いと利用者負担の徴収をすること、③保育の必要性を市区町村が客観的に認定する仕組みを導入すること、④指定制度に代えて、都道府県の認可制を前提とし、大都市を中心とした保育需要への対応を可能とする仕組みを導入することへと修正がなされた。また、「関連法律整備法案修正案（児童福祉法改正案）」では、市区町村が保育の実施義務を引き続き担う旨が記された。

　つまり、新たな法案では、これまでの「総合こども園」が姿を消し、新たに「幼保連携型認定こども園」が創設され、既存の幼稚園や保育所などの仕組みはそのまま残す方針が示されたということになる。さらに、混乱のもととなる認可や指導監督については内閣府に一本化されることになり、需要の高い低年齢児に対する保育については、地域や小規模園に託していく方向でまとまった。これらが３党合意の確認書から読み取れる「幼保一体化」に関わる大きな修正点である。

4 「子ども・子育て関連３法」に基づく新たな制度

　「子ども・子育て関連３法」に基づく新たな制度の名称は、「子ども・子育て支援新制度」とされ、早ければ2015（平成27）年４月からスタートする。「子ども・子育て支援新制度」とは、医療と介護の充実や年金

制度の改善とともに子育ての分野も社会保障の枠組みの中で考え、社会全体で子どもと子育て家庭を支援していこうとする新しい制度のことである。制度実施に向けて安定的な財源を確保するために、2012（平成24）年8月10日には「社会保障・税の一体改革関連8法案」が可決・成立している。8法案のうち、子どもや子育てに関わる法案は、「子ども・子育て関連3法」と呼ばれている。子ども育成や子育て支援の充実を図るため、その財源として2014（平成26）年4月導入の消費税8％と2015年に導入が予定されている消費税10％の消費増税分から0.7兆円が充てられることが決まっている。つまり、現在、消費税収の使い途として高齢者3経費（基礎年金・老人医療・介護）に充てられていたものが、少子化対策や子育て支援施策も含めた社会保障4経費（年金・医療・介護・子育て）へと拡大されるということになる（図表－1を参照のこと）。

図表－1　社会保障4経費

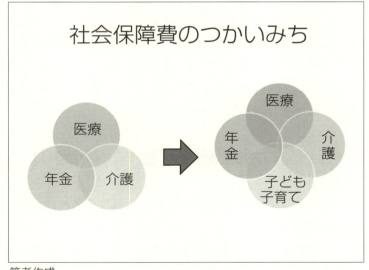

筆者作成

序章　子ども・子育て支援新制度とは ─子ども・子育て関連施策の変遷─

　「子ども・子育て関連3法」とは、幼児期の学校教育及び保育[ii]、地域の子ども・子育て支援を総合的に推進するために制定された法律のことである。具体的には、①「子ども・子育て支援法」、②「認定こども園法の一部改正法（就学前の子どもに関する教育、保育等の総合的な提供の推進に関する法律の一部を改正する法律）」、③「子ども・子育て支援法及び認定こども園法の一部改正法の施行に伴う関係法律の整備等に関する法律」の3法を示している。

　この3法案成立の翌年となる2013年12月には、新たに「持続可能な社会保障制度の確立を図るための改革の推進に関する法律」が公布された。同法第3条1項には、少子化対策として「子ども・子育て関連3法」と「子ども・子育て支援新制度」、ならびに「待機児童解消加速化プラン」を着実に実施していくことが規定されている。「待機児童解消加速化プラン」とは、都市部を中心に深刻な問題となっている待機児童の解消を図るために2013（平成25）年4月に策定された計画である。待機児童解消に意欲的に取り組む基礎自治体に対しては、2015年度に施行が予定されている「子ども・子育て支援新制度」の開始を待たずに、その取り組みを全面的に支援することになっている。この加速化プランでは、2013年と2014（平成26）年度を「緊急集中取組期間」とし、2年間で約20万人分の保育の受け皿の確保を目指している。2015年度から2017（平成29）年度までは「取組加速期間」とし、保育ニーズのピークが予測されている2017年度末までに、潜在的な保育ニーズも含め、約40万人分の保育の受け皿を確保し、待機児童の解消を目指していくという。

　先に述べたように「子ども・子育て支援新制度」の財源としては、2014年4月導入の8％と2015年10月に引き上げが予定されている10％の消費増税分が充てられることになっている。そのため、2014年度内は3％増税分のうち、0.3兆円が「待機児童解消加速化プラン」と「保

育緊急確保事業等」に関する予算として計上されることになっている。2015年度に施行予定の新制度の予算案では、子どもや子育て関連に充てられる費用は0.7兆円が提示されている。0.7兆円の予算の内訳は、0.4兆円が待機児童解消や保育等の量を拡充するために要する費用に、残りの0.3兆円は、保育士等、保育者の職員配置基準の改善をはじめとする学校教育と保育の質の改善に充当されることが決まっている。政府の新たな試算によると、新制度実施には1兆円を超える財源が必要となることが見込まれている。1兆円の財源の使い道は、量的拡大に約0.4兆円程度、質の改善には0.6兆円が推計されている。つまり、消費税の引き上げによって確保する0.7兆円に加え、0.3兆円以上の恒久財源をこれから確保していかなければならないということを意味している。

「家族関係社会支出の対ＧＤＰ比」を見てもわかるように、日本の家族関連費用に対する公的支出の比率は1.04％と低く、フランス3.00％、イギリス3.27％、スウェーデン3.35％と比較すると、概ね3分の1の水準となっている（図表－2参照のこと）。こうした数値からも子どものいる家庭に対するより一層の社会保障の充実が、わが国では求められていることがわかる。「子ども・子育て支援新制度」の実施を契機として、その数値が明確に上がっていくことを期待したい。

5 「子ども・子育て支援新制度」導入の背景

新制度導入の構造的背景としては、①少子化や核家族化の進行、②地域コミュニティの希薄化、③女性の就労と非正規雇用の増加、④子ども育成環境の貧困化、⑤経済的・地域的格差の拡大、⑥教育・保育需要の変化などがあげられる。まず、少子化や核家族化が進んだことで、子育て支援の重要性が広がり、これまで社会保障が高齢者に偏っていたもの

序章　子ども・子育て支援新制度とは ─子ども・子育て関連施策の変遷─

図表－2　各国の家族関係社会支出の対GDP比の比較（2007年）

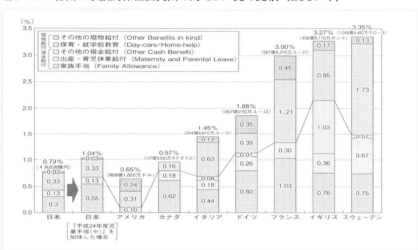

出所：内閣府『平成24年版子ども・子育て白書』

を全世帯対応型（社会保障3経費から子ども・子育てを含む4経費）に変える必要があったといえる。次に、地域コミュニティの希薄化が進んだことで、子どもが親以外の大人とかかわりを持つ機会が減少しただけでなく、子ども同士が群れ遊びなどを通じて育ち合う環境も激減している。他方、育てる保護者にとっても、育児の支え手がいないことなどの理由から育児不安や育児ストレスが増大している。そのため、すべての子ども・子育て家庭を社会全体で支援することの必要性が出てきたのである。3つ目は、就労世帯の増加によって子育ての社会化が進んだことでますます保育需要が高まり、待機児童の解消が困難となったことがあげられる。最後に、世帯間格差や子どもの貧困率が高まったことにより、

子どもに対して公平な教育システムを構築することが目指されるようになったからである。また、子どもや子育て家庭への公的投資が高い国は、子どもの「教育を受ける権利」を保障しており、そのことが社会の安定や出生率の向上につながっている。このような諸外国の先行事例も制度導入に大きな影響をもたらしている。

6 「子ども・子育て支援新制度」導入の目的

　新制度では、すべての子どもに良質な育成環境を保障し、一人ひとりの子どもが健やかに成長することのできる社会の実現が実施の目的とされている。具体的には、以下の三点にその目的を大別することができる。

（1）　教育・保育の質的改善

　質の高い幼児期の学校教育・保育、地域での子育て支援を一体的に行う「認定こども園」については、これまで複雑とされていた設置に伴う手続きの簡略化や財政支援の充実と強化を実施することで普及を促進していく。さらに、保育者の配置や待遇を改善し、すべての就学前の子どもに対する質の高い教育と保育を提供することを目指していく。

　「認定こども園」は、いわゆる「認定こども園法」に依拠する施設となる。つまりは、教育基本法第6条第1項に基づく学校であり、児童福祉法に基づく児童福祉施設及び社会福祉法に基づく第2種社会福祉事業として扱われる。設置主体は、国及び地方公共団体、学校法人、社会福祉法人のいずれかとなる。職員については、幼稚園教諭の免許と保育士資格を併せ持つ保育教諭が置かれる予定となっている。どちらかの免許や資格を持つ保育者に関しては、5年間の経過期間を設け、両方の免許と資格が持てるような処置を講じていく。なお、「認定こども園」の指

針となる「幼保連携型認定こども園教育・保育要領」は新規作成となる。つまりは、総合的かつ一元的な保育や教育、子ども・子育て支援サービスの象徴的な存在として「認定こども園」の推進が図られるということになる。

(2) 保育の量的拡大

待機児童数は、2002（平成14）年から進められた待機児童ゼロ作戦に始まり、現在も待機児童の問題は顕在化している。2013年4月時点の待機児童数は、22,741人に上っている。この数値は、前年比2,084人の減少となっているが、首都圏では、保護者が認可保育園に入れないことを理由に異議申し立ての運動をするなど、保育の量が足りていないことが問題となっている。安倍政権は、2013（平成25）年4月に成長戦略の一環として女性の活躍を重視していく方針を明らかにし、女性が働きやすい環境を整えるための施策として「待機児童解消加速化プラン」を打ち出している。既述のとおり、子ども・子育て支援の充実を図るための財源として計上されている0.7兆円のうち、0.4兆円を投じて待機児童解消対策や保育の量の拡大を図ろうとしている。具体的には、2018（平成30）年までに保育利用児童数を222万人（2013年4月の統計数値）から265万人に増加するとの数値目標を示している。また、特に待機児童数の多いとされる3歳未満児の保育ニーズに応えるために、新制度では、「認定こども園」をめぐる制度の改善と地域型保育事業（家庭的保育・小規模保育・居宅訪問型保育・事業内保育など）の創設に取り組もうとしている。

国は深刻な待機児童問題に対応するため、上記の取り組みのうち、小規模保育事業や幼稚園での預かり保育、認可外保育施設に対する支援、保育士の処遇改善については「待機児童解消加速化プラン」の中ですで

に取り組みを進めている。この加速化プランでは、2017（平成29）年度末までに約40万人分の保育の場を確保し、待機児童を解消することが目指されている。

(3) 地域における子ども・子育て支援の充実

　すべての子育て家庭が必要に応じて利用することのできる子育ち・子育ての拠点として地域子ども・子育て支援事業を拡充していく。この事業は、市町村が地域の実情にあわせて実施することされ、親子が集い交流を深める子育て支援センターやつどいの広場などの地域子育て支援拠点事業、一時預かり、延長保育事業、放課後児童クラブ事業を含む以下の13事業（子ども・子育て支援法第59条）を示し、基礎自治体が中心となり各種事業を実施していく（図表－3参照のこと）。新制度の施行にともない13事業は地域子ども・子育て支援事業として法定化され、そのうちファミリー・サポート・センター事業に関しては、子育て援助活動支援事業として事業が行われる。

図表－3　地域子ども・子育て支援事業の内訳

①	利用者支援事業　新規事業
②	地域子育て支援拠点事業
③	妊婦健診
④	乳児家庭全戸訪問事業
⑤	養育支援訪問事業、要支援児童、要保護児童等の支援に資する事業
⑥	子育て短期支援事業
⑦	ファミリー・サポート・センター事業
⑧	一時預かり
⑨	延長保育事業
⑩	病児・病後児保育事業
⑪	放課後児童クラブ
⑫	実費徴収に係る補足給付を行う事業　新規事業
⑬	多様な主体が本制度に参入することを促進するための事業　新規事業

出所：筆者作成

序章　子ども・子育て支援新制度とは ―子ども・子育て関連施策の変遷―

　ここでは、新たに加わった新規事業について概説していくことにする。まず、「利用者支援事業」とは、教育・保育施設や地域の子育て支援の事業等の利用について情報集約と提供を行うとともに、子どもや保護者からそれらの利用にあたっての相談に応じ、必要な情報提供・助言をし、関係機関との連絡調整等を行う事業のことである。この事業では、専任職員などが地域子育て支援拠点や行政窓口、その他の関連した場所において保護者の相談を受け付ける。利用者と事業者をつなぐこの人材は、介護支援専門員であるケアマネージャーがモデルとなっている。しかし、子育て支援分野におけるこの利用者支援員は、介護支援専門員のように制度化されたものではないため、資格の要件や業務内容についてさらに精査していく必要がある。各自治体の先行事例としては、横浜市の保育コンシェルジュや松戸市の子育てコーディネーターなどがあげられる。

　次に、「実費徴収に係る補足給付を行う事業」とは、保護者の世帯所得の状況等を勘案して、特定教育・保育施設等に対して保護者が支払うべき日用品、文房具その他の教育・保育に必要な物品の購入に要する費用又は行事への参加に要する費用等を助成する事業を示している。

　最後に「多様な主体が本制度に参入することを促進するための事業」とは、特定教育・保育施設等への民間事業者の参入の促進に関する調査研究、その他多様な事業者の能力を活用した特定教育・保育施設等の設置又は運営を促進するための事業のことである。つまりは、株式会社やNPO法人など多様な事業体の保育・教育事業への参入を進めることで保育の量的拡大に取り組もうとする事業を指し示している。

7 給付のあらまし

　全世代対応型の福祉サービスの提供、すなわち、どの家庭に生まれ

子どもであっても平等に教育や保育を受けることのできる機会を保障していくためには、各家庭の教育・保育ニーズを把握する必要がある。新制度においては、従来の施設補助形式から利用者補助形式へと転換が予定されており、子ども及び子育て財源の一本化が進められていく。つまり、2015年4月以降になると、子どもに対する一連の給付が基礎自治体による一元化システムのもとに、二つの方式に分かれて実施されるようになる。その二つとは、子ども・子育て支援給付としての子どもに対する現金給付（すなわち児童手当）と子どものための教育・保育給付を示している。さらに、子どものための教育・保育給付には、施設型給付と地域型保育給付があり、施設型給付の対象は、幼稚園、保育所、認定こども園となっている。ただし、現在の幼稚園は、各園の選択制により①新制度に移行する幼稚園と②現行制度のまま継続する幼稚園とにわかれていく。①の場合は、新制度の申し込みの流れに則って、教育標準時間認定（1号認定）を受ける必要がある。しかし、②の場合は、保護者が支給認定を受ける必要はなく、従来どおり各幼稚園に申し込み、園が設定した保育料を直接支払うことになる。

　認証保育所や認可外保育施設の一部についても新制度下で認可保育所や小規模保育事業に移行する場合がある。仮に私立認可保育所に移行した場合には、支給認定の必要がでてくる。契約については保護者と市区町村との間で結ばれることになり、保育料は保護者の所得によって設定（応能負担）となる。小規模保育事業の場合は、地域型保育給付の対象になるため、こちらも支給認定（3号認定）を受けなければならなくなる。だが、契約と保育料の支払いは保護者と事業者間の直接契約、直接支払いとなる。　他方、移行しない場合には、特に保護者が支給認定を受ける必要はない。従来どおり、小規模保育事業などの地域型保育事業と同様にして保護者は各事業者と契約を結び、保育料を各事業者に支払

うことになる。

8 教育・保育の必要性に関する認定

　上記で示したように新制度のもとでは、保育サービスを受けようとする保護者は、居住する基礎自治体から「保育の必要性と量」の認定申請を受けることになる。各市区町村は、子ども・子育て支援法の第20条に則り、申請のあった就学前の子どもを持つ保護者に対して保育必要量を認定し、「支給認定証」の交付を行う。教育・保育の必要性の認定については、①1号認定：満3歳児以上の学校教育のみを希望する家庭の子どもに幼児教育を提供する区分、②2号認定：満3歳以上の保育の必要性の認定を受けた家庭の子どもに教育・保育を提供する区分、③3号認定：満3歳未満の保育の必要性の認定を受けた家庭の子どもに教育・保育を提供する区分の3つに分類される（第19条）。すなわち、1号認定は幼稚園、2号認定と3号認定が保育所であり、そのフルバージョンとして「認定こども園」が存在すると考えるとイメージがしやすい（図表-4参照のこと）。

図表－4　支給認定の3区分

1号認定
・教育標準時間認定
・【対象】子どもが満3歳以上で、保育を必要とせず、教育を受けたい場合
・【利用できる施設】　認定こども園・幼稚園

2号認定
・保育認定
・【対象】子どもが満3歳以上で、「保育の必要な事由」に該当する場合
・【利用できる施設】　保育所・認定こども園

3号認定
・保育認定
・【対象】子どもが満3歳未満で、「保育の必要な事由」に該当する場合
・【利用できる施設・事業】　保育所・認定こども園・小規模保育事業等

筆者作成

　保育認定の基準は、①「事由」：保護者の労働または疾病、その他の内閣府令で定める事由によること②「区分」：保育の必要量として長時間認定と短時間認定の区分を設けること③「優先利用」：ひとり親家庭や児童虐待のおそれのある子どもなどが最優先となることの3点となる。これまで、保護者が認可保育所を利用する場合、「保育に欠ける」ことが利用の要件となっていた。そのため、保育の必要量についての判定をされることはなかった。ところが、新制度においては長時間認定と短時間認定とに利用者層が分かれ、保育の必要量についても判定されるように変わる。また、「保育に欠ける」という要件自体もなくなり、新制度では「保育の必要な事由」とされる。「保育を必要とする事由」としては、①就労（フルタイムのほか、パートタイム、夜間、居宅内の労働など基本的にはすべての就労が含まれる）、②妊娠・出産、③保護者

の疾病・障害、④同居又は長期入院等をしている親族の介護・看護、⑤災害復旧、⑥求職活動（起業準備も含まれる）、⑦就学（職業訓練校等における職業訓練も含まれる）、⑧虐待やDVのおそれがあること、⑨育児休業取得中に、既に保育を利用している子どもがいて継続利用が必要であること、⑩その他、上記に類する状態として市町村が認める場合の10項目が想定されている。つまり、これまで許可が下りにくかった「パートタイム就労」「夜間就労（昼間就労を常勤としない）」「求職活動」「就学」と明確な記載がなかった「虐待やDVのおそれがある場合」についても保育の必要性の認定事由として明記されるように変わる。すなわち、「保育に欠ける」要件が外されることで、新制度実施後は、さらに保育の利用者が増加することが見込まれている（図表－5参照のこと）。

図表－5　保育の必要性の認定

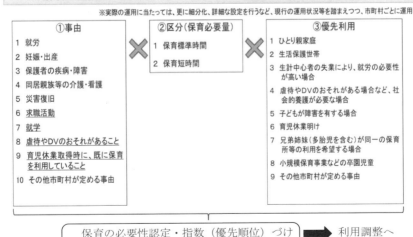

出所：内閣府資料をもとに筆者作成。一部修正。

「区分」のうち、長時間認定の対象者は、主としてフルタイム就労世帯（最低労働時間を週30時間）が想定されている。他方、短時間認定の対象者は、主として片親がパート就労をしている世帯（各市区町村が、月48時間～64時間の間を最低労働時間として設定）が想定されている。前者の場合は、「保育標準時間」の利用者として認定され、最長11時間の保育サービスを利用することができる。他方、後者として認定を受けた場合には、「保育短時間」の利用者とみなされ、最長8時間までの保育利用が認められる（図表－6参照のこと）。

図表－6　保育の必要時間についての認定区分

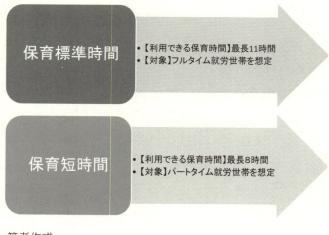

筆者作成

9 新制度における利用フロー

　保育サービス利用に伴う手続きは、利用する施設によって異なってくる。保護者は、公立保育所や幼稚園、認定こども園及び地域型保育を利

用する際に、「支給認定証（認定区分と保護者負担区分が記載されている）」を持って直接、施設や事業者と契約を結び、保育料を施設や事業者（公立保育所の場合は、市区町村）へ支払うことになる。基礎自治体が、しばらくの間は利用調整役として施設と保護者をつなぐ役割を担う予定だが、それがどの期間継続されるのかは定かではない。各施設や事業者に対する施設型給付または地域型保育給付については、基礎自治体からなされることになっている。

　私立認可保育所を利用する場合には、保護者は「支給認定証」の申請と交付を各自治体から受けるとともに入所や入園の申し込みを同時に行っていくことになる。市区町村から保育利用の許可が下りた際には、私立認可保育所との直接契約はせず、従来どおり保護者と市区町村との間で契約を結び、保護者は市区町村に保育料を支払うことになる。そして、それぞれの私立認可保育所に対しては、各市区町村から委託費が支払われることになっている。つまり、私立認可保育所に限っては、これまでの仕組み（児童福祉法第24条第一項の市町村の保育実施義務）が残されることになったということになる（図表‐7参照のこと）。

図表－7　新制度へ移行する各施設への利用手続きの流れ

利用手続きのシミュレーション

① 1号認定を受けて幼稚園・認定こども園を利用

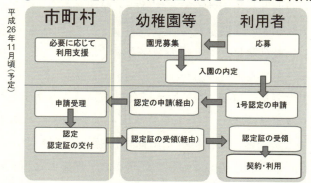

注）私学助成を受け、新制度に移行しない幼稚園に申し込みをする場合、保護者は1号認定の申請をする必要はなし。

② 2号・3号認定を受けて保育所・小規模保育を利用

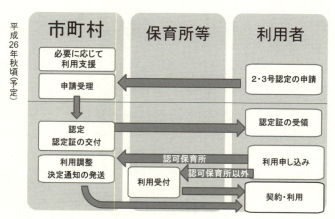

注）私立認可保育所を利用する場合、保護者は、2号・3号認定の申請と入所・入園の申し込みを同時に行い、市町村と利用契約を結び、保育料を市町村に納付する。

序章　子ども・子育て支援新制度とは ―子ども・子育て関連施策の変遷―

③ 1号認定を受けて幼稚園・認定こども園を継続利用
　　（引き続き同じ園を利用する場合）

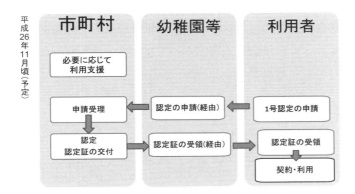

④ 2・3号認定を受けて保育所等を継続利用
　　（引き続き同じ園を利用する場合）

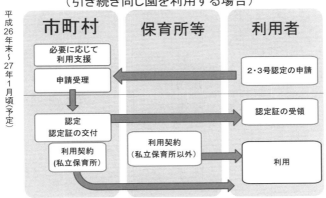

筆者作成

いずれにしても、施設型給付とは、それぞれの家庭に必要な教育・保育時間が算出され、その値に応じた個人給付がなされることを示している。だが、個人給付といっても保護者が直接現金を受け取るのではなく、利用する家庭の支給認定に対する個人給付となる。そのため、各施設が利用者に変わって給付金を受領する、すなわち「法定代理受領」の形が採られる（図表−8参照のこと）。

図表−8　法定代理受領のイメージ図

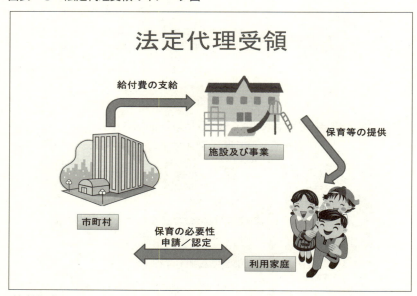

筆者作成

🔟 保育供給資源の確保について

　新制度では、保護者の就労の有無に関わらず、すべての子育て世帯に対して質の高い幼児教育や保育サービスを提供していく。その上で量的

序章　子ども・子育て支援新制度とは ―子ども・子育て関連施策の変遷―

拡大をし、待機児童を解消していくことが目指されている。特に量的拡大は、保育需要の高い地域の自治体において喫緊に取り組まなければならない必須の事業となる。新制度において示されている量的拡大とは、保育者と施設の両方を増やすことを意味している。その手立てのひとつとして、国は無認可の教育・保育施設に対し、条件が整えば積極的に認可施設にしていこうとする方針を提示している。全就学前児童のうち、とりわけ待機児童数が多いとされる０歳児から２歳児の保育供給に関しては、地域型保育事業を強化することで対応していく。地域型保育事業とは、主に３歳未満児の保育を提供する事業などを示し、具体的には、①小規模保育（利用定員６人以上19人以下）、②家庭的保育（いわゆる保育ママのことであり、保育者の自宅などで保育を提供する事業を示す。利用定員は５人以下）、③居宅訪問型保育（ベビーシッターなど１対１の個人ケア事業や障害児など個別対応が必要な子どもに対して保育を提供する事業を示す）、④事業所内保育（主として従業員の子どもや当該地域の子どもに保育を提供する事業を示す）などがあげられる。この事業に関する財政支援としては、地域型保育給付がなされていく。地域型保育事業は、小スペースで多様な保育を充実させることができるため、保育の受け入れ人数が増やせることの効果が見込まれている。しかしながら、事業の実施主体は基礎自治体であり、各市区町村の認可制となるため、地域によっては保育の質が低下することや保育格差を助長する可能性が懸念されている。つまり新制度においては、認定こども園と認可保育所の認可基準が頂点の基準とされ、地方裁量型認定こども園や地域型保育事業の認可基準が底辺となる認可基準のピラミッド構造が形成されていくことになる（伊藤、2013）。こうしたピラミッドが出来てしまうと、低年齢児になればなるほど、劣悪な保育環境に置かれる可能性も出てくる。このことを回避するためには、基礎自治体の独自性を貫く取

り組みが必要となってくる。

　2013年末に実施された地域版ニーズ調査の結果を反映させ、なおかつ量と質の両方を保障する条例の策定が、今後地域ごとになされていくことになる。それゆえ、各自治体が「切れ目のない教育・保育・子育て支援」を保障するために、各種事業を新制度の中でいかに実現していくかが肝要となってくる。

　他方、保育資源となる人材の確保についても課題となるであろう。保育現場で働く人的資源を潤沢にしていくためには、保育者の処遇改善が必要となる。新制度の下では、これまで以上に多様な保育の供給者が増えていくことが見込まれている。このような傾向が進むと、事業者間の競争が激化していく。その結果として、保育の質の向上に寄与する効果も表れるだろうが、逆に保育者の労働環境が悪くなり保育の質の低下を招く事態も予測できる。特に私立認可保育所以外の施設型給付は、人件費が抑えられ、保育者の雇用の不安定化が加速していく可能性がある。厚生労働省が実施した「平成21年度保育士の需給等に関する調査」によると、保育の量拡大に伴って必要とされる保育士数は、2017年度末で約46.0万人と推計されているが、そのうち7万4,000人の保育士が不足するであろうと報告がなされている。これを受け、政府は、2012年度の修正予算案に保育士の処遇改善策を盛り込み、私立保育所の保育士を対象にした処遇改善を図ることにした。補助金は、都道府県の「安心こども基金」に「保育士等処遇改善特例事業」を興し、438億円を充当した。その結果、2013年度は、給与が月額約30万円（賞与等含む）の保育士の場合には月約8,000円、月額35万円（賞与等含む）の主任保育士の場合には月約10,000円の賃金増の積み増しがなされた。さらに、保育士を養成する大学や短期大学、専門学校などの養成校へ入学する者に対しては、計160万円の学費を貸し付ける「修学資金貸付事業」を導

入した。この事業では、貸付を受けた学生のうち、卒業後、保育士として保育所などで5年間働いた場合には、返済が免除される旨が示されている。「保育士等処遇改善特例事業」の実施期間は、2014年3月末までとなっているが、2014（平成26）年度の予算でも「保育を支える保育士確保［ヒト］」として「安心こども基金」に130億円、内閣府の「保育緊急確保事業」に311億円、総計すると441億円が計上されている。さらに2015年度からは、新制度の枠組みのなかでも保育士処遇改善に関わる事業が強化される予定となっている。

11 「子ども・子育て支援新制度」への本格実施に向けて ──

繰り返しになるが、「子ども・子育て支援新制度」とは、子育てを医療や年金と同様にして社会保障制度の中に位置づけ、子育てを社会全体で担うべく子どもとその家庭を支援するための仕組みを示している。以下では、新制度が施行されるまでの大まかな流れを示していきたい。

（1） 国による計画と動き

2013年4月からは、内閣府に「子ども・子育て会議」が設置され、新制度の中身が検討されている。国の「子ども・子育て会議」のメンバーには、有識者、地方公共団体、事業主代表、労働者代表だけではなく、子育て当事者や子ども・子育て支援に関する事業従事者なども加わっており、「子育て支援政策のプロセス等に参画・関与するための機構」として組織されている。会議の第一段階としては、2014年3月末までに制度実施に係わる諸々の基準を設定し、その後は、それらの基準に則した政令・府省令等を制定するなどの手筈を整えていく。

国が検討すべき事項は、会議や部会ごとに検討がなされている。具体

的な項目として①基本指針（子育て支援の理念と地域ニーズ調査の実施案の提示、市区町村・都道府県事業計画を作成するための指針を示す）、②保育の必要性の認定基準、③確認基準（認定区分ごとの利用定員を定めたうえで給付の対象となることを確認するための基準）などの検討があげられている。子ども・子育て会議の基準検討部会においては、①認可基準（幼保連携型認定こども園や地方型保育事業の認可基準の設置）、②公定価格（人件費部分となる積み上げ方式＋事業費や管理費等となる包括方式によって公定価格を算出）、③利用者負担（保護者が支払う保育料）の設定、④地域子ども・子育て支援事業についての決定がなされることになっている。なお、地域子ども・子育て支援事業のうち、放課後児童健全育成事業（学童保育）については、基準のみ社会福祉審議会・児童部会において審議される。これらの検討結果を受けて、都道府県や市区町村は、それぞれ2014年度上半期内に事業を検討し、順次計画の確定と条例化を進めていく。国や都道府県は、それらの事業計画を受けて、制度面及び財政面で支えるという役割を担っていく。

（2） 実施主体は基礎自治体

　都道府県や市区町村では、「地方版子ども・子育て会議」の設置が任意となっている。「地方版子ども・子育て会議」に対しては、事業計画策定の審議を行うとともに、継続的に点検・評価・見直しを行っていく役割が期待されている。先にも述べたが、「地方版子ども・子育て会議」の設置は、努力義務であることから、必ずしも全ての市区町村に設けられている訳ではない。しかし、新制度の実施主体は、市区町村となるため、各自治体は、地域の子育て家庭のニーズを把握した上で、実施の基本となる5カ年計画（平成27年4月実施から5年間が予定されている）として「市町村子ども・子育て支援事業計画」を策定しなければならな

い。そのため、多くの基礎自治体が「地方版子ども・子育て会議」を設置している。内閣府が公表した数値によると、平成26年2月28日現在、「地方版子ども・子育て会議」を設置措置済みと回答した自治体は1481団体（82.8％）、設置措置済みと今後対応予定を合わせると、1,756団体（98.2％）とほとんどの自治体が設置済みないし設置予定と回答している。「地方版子ども・子育て会議」の具体的な役割として以下の諸点があげられる。

①条例で「地方版子ども・子育て会議」を設置した場合は、教育・保育施設や地域型保育事業の利用定員を定める際や、市町村計画、都道府県計画を策定・変更する際に、この会議の意見を聴くこと。また、同会議では、子ども・子育て支援に関する施策の総合的かつ計画的な推進に関し、必要な事項及び当該施策の実施状況についての調査審議を行っていくこと。
②「地方版子ども・子育て会議」は、市町村計画、都道府県計画等を立案するにあたって地域の子育てに関するニーズを反映していくことを始め、自治体における子ども・子育て支援施策が地域の子ども及び子育て家庭の実情を踏まえて実施されるように努めること。特に、児童福祉、幼児教育、双方の観点を持った者の参画を得て、地域における子ども・子育て支援について調査審議していく必要がある。
③市町村計画、都道府県計画を策定する際に審議を行うことは同会議の重要な役割の一つであるが、計画を策定すれば終わりということではなく、子育て支援施策の実施状況を調査審議するなど、継続的に点検・評価・見直しを行っていくこと（つまり、ＰＤＣＡサイクルを回していくということ）。

条例化に向けた作業の手順は、以下のようになる。最初にニーズ調査票の作成及び調査を実施（2013年秋頃）し、ニーズ調査の結果報告を市民に向けて公表（2014年2月および3月頃）する。その後は、調査で得られた結果を受け、教育・保育に関する提供区域の設定や量的な見込みを算出していく。その上で、具体的な事業計画の策定を進めていくという流れを組む。新制度では、事業を実施する主体が基礎自治体となるため、2014年4月以降、その都度、さまざまな基準を定めていくことになる。具体的には、①保育の必要性の認定基準の設定、②地域型保育事業の認可基準の設定、③各施設や事業の給付確認をするための運営基準の設定、④地域子ども・子育て支援事業の内容精査、⑤放課後児童健全育成事業の基準の設定（対象年齢は「おおむね10歳未満の児童」から「小学校に就学している児童」への拡大が制度全体では決まっている）、⑥保護者が負担する保育利用料などの設定があげられる。要約すると、各自治体は、地域の子育て世帯の生活状況や教育・保育・子育て支援のニーズを把握し、様々な支援メニューから、当該地域に必要な事業を計画的に整備しながら制度を実施していかなければならないということを示唆している。つまり、国が定める施設や事業の整備及び運営に関する基準を踏まえて、各自治体が独自に条例を定めていくことになる。現在は、その作業が進められており、2014年6月～7月頃を目安に条例案が取りまとめられている。また、2014年9月頃には、「量の見込み・確保方策」の中間取りまとめが公表されている（図表－9）。

図表-9　新制度実施に向けてのスケジュール

筆者作成

12 まとめ

　社会保障制度改革国民会議による報告書を受け、2013年12月に成立した「持続可能な社会保障制度の確立を図るための改革の推進に関する法律では、「年金・医療・介護」などと同様にして「子育て」についても社会保障制度の一環として取り組む方針が明示された。つまり、乳幼児や高齢者など各人の年齢区分や健康状態に関わらず、それぞれの持てる力を最大限発揮しながら生きていける社会の実現が推進されていくということである。すべての子どもに良質な育成環境を保障するためには、「就労・結婚・妊娠・出産・育児」等の各段階の支援を切れ目なく行い、子ども・子育て支援の量的拡大と質の向上が目指されなければならない。新制度においては、これまで別々になされてきた政策が総合的に一本化する方向となり、「現物給付」から「個人給付」の制度へと改変する。柏女（2014）は、従来の制度においては、子どもと子育て家庭がおかれ

ている状況によって、いくつかの舞台を往来しなければならなかったと指摘している。加えて、来年度より新制度が実現するとすれば、実施主体や財源、支援者の援助観の相違など数々の点でそれらの溝が解消されるであろうと述べている。しかしながら、制度の実施が基礎自治体に委ねられているため、地域によっては国や都道府県の基準に上乗せした計画を盛り込む自治体もあれば、現行よりも質が低下してしまう自治体も出てくることが予測できる。すなわち、保育や教育、子育て支援の地域間格差や利用者間格差が生じるなどの懸念が残されるということになる。そのため、保護者自身も自分たちの要望や意向を居住地区の自治体や各施設に伝え、単に利用者としてだけではなく、教育・保育の一共同生産者として、その格差を埋めるような働きかけや保育の質の向上に貢献するような努力が必要である（佐藤、2014）。すなわち、施設や事業運営を改善するような保護者会活動を推進していくような仕組みづくりが今後は求められるであろう（中山、2014）。

　現在の保育所や幼稚園のあり方は、子どもの育ちの保障というよりは、どちらかというと保護者の就労の有無に左右されることが多い。そのため、新制度では、幼稚園と保育所を一体化する「幼保連携型認定こども園」を更に推進し、「支給認定（保育の必要性の認定）」を実施することで、すべての子どもに対する教育及び保育の保障をしていくという考えが根底に据えられている。こうした動きは、最低基準の標準化につながるという利点を生みだすだけでなく、待機児童の解消への手立てとなる。しかしながら、伊藤（2013）が懸念するように二重行政が解消されたとしても、支給認定や申請申し込みなどの事務作業が新たに増え、現場の混乱や業務が煩雑化することも大いに考えられる。

　さらに現行の制度では、保育・教育、子育て支援、社会的養護、障害児支援に関わる行政が都道府県と市区町村に分かれて実施されることが

多いため、今後はそれらの実施主体を一元化していくことも必要になってくる。この他にも、例えば親が正社員・長時間勤務の場合には、子どもへの長時間保育が保障されるが、非正規雇用で短時間勤務の場合であると、短時間の保育しか保障されなくなる。考え方によっては、このような流れを保護者のニーズや条件を充たした正当な配分として解釈することもできる。しかしながら、その一方で、親の就労状況によっては、子どもに格差をつけることになり、貧困の再生産につながる可能性も否めない（猪熊、2014）。

「認定こども園」への移行や推進に関していえば、①長時間預かり保育をしている幼稚園の場合、補助金の加算・施設の拡充・保育人材が確保できること、②待機児童解消の対策となること、③保護者の就労等の事情に左右されずに、子どもを預かることが可能になること、④就学前児童に対して一貫した幼児教育が実施できることなどがメリットとしてあげられている。他方マイナス面としては、①直接契約となるため、余分な事務経費や事務作業が増えること、②定員割れをした場合、認可が受けにくくなり、そのことが子どもの福祉向上への妨げにつながる可能性が推測されている（無藤、2014）。

いずれにしても新制度では、かなりの部分の権限が市区町村に与えられることから、自治体の裁量次第という部分が大きい。厚生労働省が公表した統計によると、2013年10月現在において、4万6127人もの待機児童がいることが明らかになっている。そのため、新制度では、「待機児童解消加速化プラン」の推進、特に首都圏における0歳～2歳児対象の保育事業が強化されることは間違いないであろう。しかしだからといって、「量の確保」に努めるばかりであってはならない。同時に「質の向上」にも配慮したシステムの構築が目指されるべきである。さらに、地域ごとに事業間格差が拡がらないように、子どもを社会全体で支える

ということの意義を改めて確認し、事業の平準化を図っていくべきであろう（平川、2014）。そのためには、教育や保育、子育て支援における「質」とは何を示唆しているか、その意味や内容を「地方版子ども・子育て会議」や市民フォーラムなどを通じて積極的に議論し、共有化していくことが必要となってくる。こうした議論の成果は、実際に基礎自治体が事業計画を策定し、地域のニーズに応じた独自の上乗せ計画を推進していく上で大いに役立つであろう。猪熊（2014）は、子育ては最も「政治」に近いとし、基礎自治体がどれほど新制度の中で、子育て分野にやる気を出すかで、自治体ごとの子育て力が大きく変わってくると述べている。それ程、各自治体がおかれているポジションは重要視されている。

　「子ども・子育て支援新制度」の実施そのものについては、現在も賛否両論さまざまな意見があがっている。もちろん、この新制度を実施するだけで、直ちに子育てしやすい社会を実現することは難しい。なぜなら、結婚・出産・子育てを巡る問題は、乳幼児期から高等教育までの教育の一貫性、若者を含めた雇用者の働き方の見直しと働き先の確保、過疎地などの地域再生計画などとも深くリンクしており、それらの諸問題に対する改革も同時に取り組む必要があるからである（前田、2014）。それでもなお、「子ども・子育て支援新制度」の導入は、わが国の子育てや子育ちの環境が改善へと向かうための第一歩となるであろう。その新たな一歩を踏み出すためには、自治体職員、保育者、地域活動者、市民、そして、子育て当事者たちが、それぞれの立場から地域の実態を真摯に受け止め、考え、行動を興していくことが不可欠となってくる。すなわち、次世代のすべての子どもたちに対し、例外と切れ目のない教育や保育、子育て支援の提供ができるように、一人ひとりが自分の立ち位置を知り、その環境醸成に尽力する姿勢を持つことに尽きるということになる。

序章　子ども・子育て支援新制度とは ―子ども・子育て関連施策の変遷―

　今般、「社会保障・税の一体改革」の中で取り組まれる「子ども・子育て支援新制度」は、人口減少対策や経済対策の側面ばかりが強調されているが、何よりもまず「子どもの最善の利益」を実現するための絶好のチャンスと捉える視点を持つことが重要ではないだろうか。

参考・引用文献

伊藤周平（2012）『子ども・子育て支援法と社会保障・税一体改革』山吹書店.

――――（2013）『子ども・子育て支援法と保育のゆくえ』かもがわ出版.

猪熊弘子（2014）『「子育て」という政治－少子化なのになぜ待機児童が生まれるのか？』角川SSC新書.

柏女霊峰（2014）「社会保障制度書く各と子ども・子育て支援新制度」『月刊福祉』2014年2月号, pp. 23-26, 全国社会福祉協議会出版部

佐藤純子（2014）「ニュージーランド－親も学ぶ幼児教育施設」池本美香編著『親が参画する保育をつくる：国際比較調査をふまえて』勁草書房.

内閣府（2012）『平成24年度　子ども・子育て白書』勝美印刷.

中山徹・杉山隆一・保育行政研究会編（2013）『子ども・子育て新制度PART 2』自治体研究社.

中山徹・藤井伸生・田川英信・高橋光幸著（2014）『保育新制度　子どもを守る自治体の責任』自治体研究社.

平川則男（2014）「子ども・子育て支援の社会化に向けた検討－関連三法と制度の課題－」『生活協同組合研究』2014.3, Vol.458, pp. 19-27, 生活総合研究所.

無藤隆・北野幸子・矢藤誠慈郎（2014）『認定こども園の時代－子ども

の未来のための新制度理解とこれからの戦略48』ひかりのくに.
前田正子（2014）『みんなでつくる子ども・子育て支援新制度－子育てしやすい社会をめざして－』ミネルヴァ書房.
吉田正幸（2013）「子ども・子育て支援の歩みと新制度の意義や課題」『連合総研レポート』NO.279, 2013年2月号, 4-7, 連合総合生活開発研究所.

参考資料
内閣府・文部科学省・厚生労働省（2014）『子ども・子育て支援新制度なるほどBOOK』

---

[i] 人口統計上の指標であり、15歳から49歳までの出産年齢人口に該当する女性の年齢ごとの出生率を合計した数値をいう。つまり、一人の女性が生涯産む子どもの数を示す。

[ii] 「学校教育」とは、学校教育法に位置づけられる小学校就学前の子どもを対象とする教育（幼児期の学校教育）を指し、「保育」とは児童福祉法に位置づけられる乳幼児を対象とした保育を指す。

第一部

子ども・子育て制度の改変

1 子ども・子育て制度の改変

第1章 制度はどう変わるのか
―お金の流れ

　筆者は株式会社の代表取締役として東京都江東区、横浜市中区で認可保育所を、東京都江東区、調布市、狛江市で東京都認証保育所を運営し、社会福祉法人の理事長として東京都調布市で認可保育所を運営している。

　また、調布市と狛江市では、「子ども・子育て会議」の委員を東京都認証保育所事業者の代表として参加をしている。

　こうした立場から事業種別・法人種別・地域別による様々な視点から「お金の流れ」を中心に、子ども・子育て支援新制度について事業者の視点から述べたいと思う。

　また、今回の記述にあたり、国の資料とともに横浜市の事業者説明会資料を参考にさせて頂いた。横浜市は子ども・子育て支援新制度への移行について、市民や事業者に対して複数回に渡りとても丁寧な説明会を行っている。これまでも積極的な保育所整備や保育コンシェルジュによる利用者支援など多くの注目がされているが、こうした子ども・子育て支援新制度への移行の取り組みについても参考にされたい。
(http://www.city.yokohama.lg.jp/kodomo/shien-new/jigyosha/#No.3)

1 消費増税と社会保障4経費

　平成26年4月に消費税が5％から8％に増税された。
　今回の社会保障改革はこれまでの高齢者3経費から、社会保障4経費

として、年金・医療・介護に子育ても加えられたものである。今後、消費税が10％に上がることで、財源0.7兆円を確保して、子ども・子育て支援の充実（待機児童の解消などの量的拡充と質の向上）が目指され、具体的には、
・「待機児童解消加速化プラン」の実施
・新制度への円滑な移行を図るための保育緊急確保事業の実施
・社会的養護の充実
が挙げられている。（量的拡充4,068億円、質の改善3,003億円）

　この国民全体から徴税する消費税で全世代対応型の社会保障を実現する。そのことを頭に入れながら、具体的に挙げられた事項が実現できる新制度になっていくのかを確認していきたい。

2 待機児童解消加速化プラン

　平成29年度に待機児童解消を目指すとされる待機児童解消加速化プランは、平成27年度からの施行を待たずに、国が地方自治体に対して、できる限りの支援策を講じるものである。
　コンセプトとして次の3つが掲げられている。
①　意欲ある地方自治体を強力に支援（市町村の手上げ方式）
②　今後2年間でできる限りの保育の量拡大と待機児童解消を図る
③　参加市町村は、待機児童の減少目標人数、保育の整備目標量を設定
とされている。

　その支援パッケージについては、5本の柱として、
1）賃貸方式や国有地も活用した保育所整備

1 子ども・子育て制度の改変

- 施設整備費の積み増し。中でも都市部に適した賃貸方式を活用し、株式会社を含む多様な主体でスピード感をもった施設整備を推進。
- 用地の確保が難しい都市部の事情に対応し、国有地等を積極的に活用。
- 民有地のマッチング事業を導入（地主と整備事業者の結び付けによる整備促進）

2）保育を支える保育士の確保
- 潜在保育士の復帰を促進し、他業種への移転を防ぐための処遇改善。
- 認可外保育施設で働く無資格者の保育士資格取得支援。

3）小規模保育事業など新制度の先取り
- 小規模保育（運営費、改修費、賃借料等を支援）、幼稚園での長時間預かり保育など、新制度を先取りして実施（即効性のある受け皿確保）。
- 利用者支援の先取り実施（保護者と適切な施設・事業の結び付け）

4）認可を目指す認可外保育施設への支援
- 認可保育所に移行する意欲のある認可外保育施設について、改修費、賃借料、移転費、資格取得費、運営費等を国が支援し、質の確保された認可保育所へ5年間で計画的に移行できるようにする。

5）事業所内保育施設への支援
- 企業からの強い要望を踏まえ、「自社労働者の子を半数以上」とする助成要件を緩和する

以上が、緊急プロジェクトの内容として掲げられている。

都市部では保育施設の整備を積極的に進めているが、この支援策を活用する自治体ほど保育事業者の進出意欲は高まる。

この待機児童解消加速化プランについては、平成29年度までの期間に取り組まれるものであり、後程述べるが施設整備費の補助の対象期限でもあることから、基礎自治体の保育の確保の方策にも大きく影響を与えるものである。

3 切実な保育士不足と確保施策

　先に述べたように待機児童解消加速化プランの中で、保育士確保のために国から多様な確保施策が用意されている。
　待機児童解消には、保育士の確保が欠かせない。最近では、保育業界にとどまらず、全産業的に人手不足が叫ばれている。飲食店の深夜では、時給が1,500円にも高騰しているというニュースがあるほどだ。無資格の非常勤職員（パート）を採用するのにも、以前と同じ条件では採用が難しくなってきている。
　筆者は、これから保育園（の定員）をどれほど増やすかという議論よりも、どれだけの保育士の稼働人数を増やすことができるかに焦点を当てた方が、実際の待機児童対策の目安になるのではないかとさえ考えている。
　近年、年を追うごとに都市部での保育士の採用は困難になってきており、来年度からの新制度に向けて多くの保育施設の開設が計画されていることで、事業者はこれまでにない採用難を強いられている。
　保育士確保施策として「職員用宿舎借り上げ支援」というものがある。この施策は、宿舎借上げのための賃借料を補助するもので、補助基準額は1戸あたり月額8.2万円とされ、そのうち、1／2が国、1／4が市町村、1／4が事業者とされている。横浜市はこの制度を活用しているのだが、筆者のように「職員用宿舎借り上げ支援」を活用している自治

1　子ども・子育て制度の改変

体と活用していない自治体の両方で保育所を運営していると、地方出身の職員の配属が悩ましい。ちなみに、筆者の法人では月2万円の家賃補助を行っているので、「職員用宿舎借り上げ支援」を活用した場合でも、事業者の負担感は少ない。

　事例として、筆者の運営する法人の採用活動について紹介をしたい。下記の表は、平成26年4月入社の新卒保育士である。

保育士出身校	地元	一人暮らし	配属先	支援策
福島学院大学短期大学部	宮城県	○	横浜市	宿舎借上げ
福島学院大学短期大学部	福島県	○	横浜市	宿舎借上げ
福島学院大学短期大学部	宮城県	○	横浜市	宿舎借上げ
福島学院大学短期大学部	福島県	○	横浜市	宿舎借上げ
福島学院大学	福島県	○	横浜市	宿舎借上げ
仙台白百合大学	宮城県	○	狛江市	家賃補助
目白大学	東京都		調布市	交通費支給
目白大学	北海道	○	江東区	家賃補助
駒沢女子短期大学	東京都		調布市	交通費支給
常葉学園大学短期大学	静岡県	○	江東区	家賃補助
東北福祉大学	群馬県	○	調布市	家賃補助
白百合女子大学	東京都		調布市	交通費支給
東京学芸大学	大分県	○	調布市	家賃補助

　上記の通り、13名の保育士を採用して、そのうち10名が一人暮らし、3名が自宅からの通勤である。また、10名のうち、「職員用宿舎借り上げ支援」を活用している横浜市を希望したものが5名おり、支援策が活用されない自治体では家賃の一部補助を行っている。
　首都圏以外からの採用を行っている理由は、単純に首都圏では採用が困難であるからだ。こうした地方からの人材確保策も、横浜市の「職員用宿舎借り上げ支援」が広まるにつれて、活用していない地域では採用が困難になってくる。

それゆえに、平成27年に向けた支援策を活用しない地域での採用については、地方からの採用も見込みが厳しく、激しい争奪戦が繰り広げられる首都圏在住の保育学生の採用確保に向けても、例年以上に力（お金）を割かなければならない。

　結局、事業者は限られたパイ（首都圏在住の保育学生）を奪い合うので、採用に勝ち組と負け組が生まれることになる。その負け組が、4月に必要な保育士が揃えられなくて開園が出来ないという施設も現実的に出てくるのではないか？

　実際に、本年10月に東京都中央区において開設予定の私立認可保育所おいて、保育士等の確保ができておらず現状のまま開設をすると保育に支障が出ると判断されたため、運営事業者から東京都中央区に認可取得を延期したい旨の申出たという状況が発生している。そのため、当該認可保育所へ入所を申し込んでいた保護者に対して、9月12日に東京都中央区から書面で延期の案内を発送する事態となった。

　保育士の採用手法については、考え得る様々な方策を活用し、苦心している。

　養成校へ求人票を届けることは当然のこと、インターネット広告、インターネットの求人媒体への掲載、人材紹介の利用、大手求人会社が主催する就職セミナーへの出展など、採用経費はかさむばかりである。しかし、そういったことはどこの施設もやっていることなので、なかなか採用目標数は達成できない。

　最近は、駅構内や園の周辺地域にポスターを貼っている。掲示できそうな場所の1軒1軒にお願いをして貼らせて頂くのである。こうしたことが採用につながるのかは分からない。それでもやれること全てをやろうと、事業者は保育士の採用のための努力は惜しまない。

自治体においては国の保育士確保の支援策を活用していただき、より質の高い保育士・保育事業者を各自治体に誘致されたい。

4 私立幼稚園・保育所等・認定こども園の職員の処遇改善 ─

　保育士の処遇改善のため、保育所運営費の民間施設給与等改善費（民改費）を基礎に、上乗せ相当額を保育所運営費とは別に交付されることとなった。

　まずは、「＋3％」とされ、財源確保のうえで「＋5％」を目指すものとされている。平成26年度予算では保育士等処遇改善臨時特例事業では367億円「＋2.85％相当」が支給されている。現在の単年度予算として上乗せされている事業が運営費として恒久化されるということだ。

　この処遇改善等加算の＋3％、＋5％とは、具体的には加算率に上乗せする数字である。（職員の給与が現状より3％、5％上がるというものではない。）

　公定価格に処遇改善等加算が組み込まれている。

第1章　制度はどう変わるのか —お金の流れ

　下記の「地域区分18／100地域」「定員区分20名」の場合には、加算率という部分について、質改善前は、民改費が4％ならば加算率に「4」という数字を入力して計算する。質改善後は、同様に民改費が4％であったならば＋3％で、加算率に「7」という数字を入力して計算するものだ。
　乳児の場合、質改善前は、1,910円×4＝7,640円／名であり、質改善後は標準時間：2,160円×7＝15,120円／名となる。

【質改善前】

地域区分①	定員区分②	認定区分③	年齢区分④	処遇改善等加算 保育標準時間認定 （注）⑦		
18/100地域	20人	2号	4歳以上児	+	630　（700）	×加算率
			3歳児	+	700　（1,200）	×加算率
		3号	1、2歳児	+	1,200　（1,910）	×加算率
			乳児	+	1,910	×加算率

【質改善後】

地域区分①	定員区分②	認定区分③	年齢区分④	処遇改善等加算					
				保育標準時間認定 （注）⑦			保育短時間認定 （注）⑦		
18/100地域	20人	2号	4歳以上児	+	880　（950）	×加算率	630　（700）	×加算率	
			3歳児	+	950　（1,450）	×加算率	700　（1,200）	×加算率	
		3号	1、2歳児	+	1,450　（2,160）	×加算率	1,200　（1,910）	×加算率	
			乳児	+	2,160	×加算率	1,910	×加算率	

　処遇改善の加算については上記の表以外にも入力をする部分があるが、基本的な考え方について述べた。
　この処遇改善における勤務年数には、次のものが含まれる。
　○　新制度の公定価格の設定に当たっては、現行の対象施設のほか、以下の施設・事業における勤続年数を通算対象に追加することが

1 子ども・子育て制度の改変

　　　求められる。
　　① 幼稚園、保育所、認定こども園、地域型保育事業
　　② 保育所や小規模保育事業等に移行した認可外保育施設
　　③ 小学校等の教育施設

○ また、上記の施設・事業の以外にも、以下の施設・事業については、指導・監督を通じて、その適切な運営のあり方に関し、地方自治体が責任を負っていると評価されることから、これらも通算対象と追加することを検討されている。
　　① 地方単独事業による認可外保育施設
　　② 放課後児童クラブや病児・病後児保育等の市町村事業
　　③ 障害児通所支援事業等のうち施設を必要としないもの

　株式会社の保育事業者では、認可保育所だけを運営しているところは少なく、東京都認証保育所等の地方単独事業による認可外保育施設の運営から事業参入したところが多い。そうした株式会社の法人にとっては、賃金規程が法人で統一されているものの、勤務施設によって処遇改善費の対象となるか否かという事は職員の配属・処遇に苦慮することになる。
　そうした複数園を経営する法人にとって、どの施設での勤務経験もキャリアとして認められ、保育士1人1人の多様なジョブローテーションを確立することが出来るため、是非とも対象施設の拡大が実現されることを願う。

5 施設整備費

　施設整備費については、イコールフッティングの観点から減価償却費を算出根拠として運営費に組み込む形で公定価格に示された。具体的には、減価償却費等加算という名目の扱いになる（施設整備費を受けない施設が対象）。

　これまで株式会社の保育所整備には社会福祉法人と比較して施設整備費の一部が対象とならないなどの違いがあり、一定の客観的な基準を満たした多様な参入主体の参入促進を図るためにイコールフッティングであるように公定価格の設計がされた。つまり、新規の開設時に支払われていたものが、実際に在籍する児童の加算額ということになるため、イニシャルコストからランニングコストへと設計変更された訳である。

　しかしながら、目下の待機児童解消という課題があることから、待機児童解消加速化プランの中で認可保育所や地域型保育の整備については平成29年度までは施設整備費を利用することが可能だ。その場合には、運営費において減価償却等加算は対象とならない。

　また、待機児童解消加速化プランは保育所等の整備を対象としていることから、幼保連携型認定こども園を新設する場合には施設整備の資金を全て用意しなければならない。

　筆者が平成28年4月開設である自治体と幼保連携型認定こども園の新設を自治体と協議した際にも、施設整備に関する補助制度がないことから、認可保育所もしくは保育所型認定こども園での整備に企画を変更した。こうしたことから、全くの新設での幼保連携型認定こども園の広がりは少ないものと考えられる。

　施設整備費については認可保育所等においても、平成30年度以降の

施設整備費については、現時点では引き続き補助制度があるのかは未定である。それ故に、筆者が子ども・子育て会議の委員として確保の方策について検討に携わる自治体においても、平成29年度までに必要な施設数の整備を整えるように検討されている。

6 変わるお金の流れ　～直接契約へ～

　今回の新制度においては、お金の流れが大きく変わることとなる。
　保育所への給付が市町村からの委託費として残るものの、原則として利用者が利用施設に対して直接に保育料を支払うこととなる。いわゆる直接契約である。
　直接契約の場合、利用者の意識は保育料が保育サービスの対価との考えに変わるであろう。施設側は、これまで以上に保護者に対して説明責任を負うこととなる。
　それゆえに、契約時における重要事項説明の必要性と、利用者の施設利用の選択時に事前の施設見学等の丁寧な対応を行い、相互理解が成り立ったうえで教育・保育の提供が行われることが求められてくる。また、連絡帳や登降園時での保育の様子の伝え方や、懇談会の開催方法など、保育方針や日常の保育への理解を得る努力、園の運営方法を意識しなくてはなるまい。
　お金の流れが変わるということは、教育・保育を提供する側の意識を大きく変えなくてはならなくなるのだ。
　ここで、筆者が述べたいことは、お金の流れが変わるから福祉（教育）から至れり尽くせりのサービスへと対応を変えなくてはならない、ということではない。
　利用者はお金を支払う際に、その金額に提供されるサービスが下回っ

ていると不満を抱く、金額とサービスが見合うと感じれば満足する。そして、支払った金額に対してサービスが大きく上回ったと感じると感動するであろう。他方、利用者が不満を抱けばクレームに繋がる。そうした利用者の受け止め方は、施設の保育方針を理解・納得を得ているかによって変わってくるのである。

7 利用者の立場から

　利用者負担（保育料）の水準については、世帯の所得の状況やその他の事情を勘案して国が定める水準を限度として実施主体である市町村が定めるとなっている。この国が定める水準については現行の幼稚園・保育所の利用者負担（保育料）の水準を基に検討することとされている。

　算出根拠としては、市民税を基とすることから、市民税の賦課決定時期が6月頃となれば、直近の所得の状況を反映させるため、9月に切り替えるという方針が国から示されている。そのため、8月以前については、前年度分により、9月以降は当年度分の市民税額により決定することになり、この時点で利用料が変更となる場合が有り得る。

　また、市町村が定める利用者負担については、実費徴収、それ以外の上乗せ徴収を事前説明・書面による同意を得ることで可能である。

　（利用者負担に関して国が定める水準は、公定価格と同様に、最終的には平成27年度予算編成を経て決定するものである。現在、新制度への円滑な施行に向けて、仮単価としての公定価格が示されている。）

○3号から2号への切り替えについて

　3号認定の有効期限は満3歳に達する日の前日とされており、有効期間終了前に自治体より保護者に対して2号の認定証を交付することが必

要となる。

その場合には、3号の認定証については返還が必要となるため回収が必要となる。

年度途中に切り替えが行われた場合については、公定価格が2歳児と同額になるよう調整されており、利用料についても3号と同額に設定される予定である。

① 「前年度分の市町村民税額」によって認定される案
② 4～5月は「前年度分の市町村民税額」、6月以降（もしくは7月以降）は「当年度分」により認定する案
③ 年度を通じて「当年度分の市町村民税額」により認定する案（6月以降に前年度分の市町村民税で仮認定した4・5月分を遡及して調整する）

○1号認定利用料の設定について

1号認定については、2号認定利用料との整合性を図ることが必要となる。つまりは、1号認定利用料は2号認定利用料を上回ることがないよう設定されなければならい。

また、階層の設定についても、現行の幼稚園の就園奨励補助金に使用していた階層区分から、2号認定に使用される階層区分との整合性のとれる区分に整理することが求められる。

また、保育所と同様に、幼稚園を利用する場合には多子減免の措置がとられる。同一世帯から保育所に複数の子どもが通っている場合、第2子、第3子の保育料については従来から減免措置がとられている。新制度においても、こうした現行の措置と同様に、多子世帯の負担軽減を実施していくとされている。

●2号認定利用料の設定について

　2号認定の利用料については、標準時間認定（最大11時間まで利用可能）のものと、短時間利用認定（最大8時間まで利用可能）の2つの利用料を設定することが必要である。

　短時間利用認定においては、国は標準時間認定の98.3％を利用料とする水準を提示している。

●3号認定利用料の設定について
（認定こども園、保育所や小規模保育を利用する場合）

　公定価格に分類されるものは、施設型給付と地域型保育給付がある。どちらも、応能負担による利用者負担額が設定される。国から示されている利用者負担については、どの施設を利用しても所得階層に応じた同じ料金設定とする予定である。

　しかしながら、自治体によっては施設類型によって、それぞれの利用者負担額の設定がなされるケースも検討されている。例えば、横浜市では認可保育所と小規模保育とでは、利用者負担額を小規模保育の方が低くなるように設定することを検討している。保育所および認定こども園では、現行の保育所保育料と同じ利用料設定とすることを前提とし、同様に、地域型保育事業についても、現行のNPO型家庭的保育、家庭保育福祉員の負担水準を基準とした施設型（認定こども園、保育所）とは別の利用料を31階層で設定することを検討している。小規模保育においては、その類型（A型、B型、C型）によって利用者負担額に違いを設けることはない。また、同様に、認可外保育施設である横浜保育室についても、小規模保育とほぼ同等の利用者負担額を想定した準備を進めている。

　このような自治体独自の認可外保育制度を持つ自治体においては、そ

の認可外施設の利用者と給付の利用者との不公平感が生じないような整合性を図りつつ、全ての保育施設を運営する必要があるからだ。

そのため、3号認定の場合、利用者が市町村へ利用希望の申込みを行ったうえで、利用者の希望、定員の空き状況などにより、保育の必要性の程度を踏まえて市町村が利用調整を行った場合には、利用者は斡旋された施設（保育所、地域型保育）によって負担する保育料が違うことになる。

それゆえに、利用者に対しては、教育・保育施設、地域型保育が提供する内容とともに、分かりやすく利用者負担額がそれぞれでどのように違うのかを、利用者が希望の申込みを行う際には理解できるように示す必要がある。

8 施設の立場から

幼稚園の場合（施設型給付を受ける幼稚園の場合）

利用者は応能負担により保育料が決まる。横浜市の場合、1号認定と2号認定の整合性を図るため、現状の6階層による料金設定（保育料＋入園料（月額に按分）－就園奨励費）を細分化し、新制度下では17階層に変更することを検討している。

利用料の上限については、現行の平均的な負担水準を踏まえて、25,200円とする案が示されている。

国と同様に、現行の保育料が新たに横浜市の設定する額より低額な場合には、現状の施設利用者に対しては特段の対応策を検討するとし、新たな利用者に対しては、新制度下で横浜市より示される利用料の負担を求めるとされる。

入園料相当額の徴収については、入園時、初年度、毎月徴収、その他

のあらかじめ決められた時期に徴収することが可能と示されている。

そのうえで、入園料相当額については、

(1) 入園検定料

教育・保育に係る費用ではなく、新制度の費用徴収ルールの対象外として現行通り認められる。

(2) 入園受け入れ準備費用

内定から入園までの準備等の費用

（例）クラス編成、バス編成、書類作成等にかかる経費等

(3) 教育・保育に係る費用（いわゆる上乗せ徴収・実費徴収）

⇒教育・保育に係る費用として、新制度の費用徴収ルールが適用される。

金額・理由の明示と事前の同意が必要（上乗せ徴収は文書での同意が必要）（施設整備費、施設維持費、職員配置改善費、職員処遇改善費、研修充実費、特色ある教育にかかる経費、職員雇用費）

があげられている。

国の自治体向けFAQでは、入園料については、基本的には、保育料とともに教育に要する費用を賄うために徴収しているものと考えられるものであり、新制度では、教育・保育に要する費用の対価として利用者に負担を求める費用は、原則として、所得段階に応じて市町村が定める利用者負担額を毎月徴収することにより賄うことが基本とされている。

また、新制度の下で入園時に行う費用徴収を「入園料」と総称する場合であっても、説明責任を果たす観点から実際の使途に見合った具体的な名目や内訳金額を明示して保護者へ説明することが適当とされている。

なお、上乗せ徴収と実費徴収の違いについては、上乗せ徴収については「教育・保育の質の向上を図る上で特に必要と認められる対価につい

て保護者に負担を求めるもの」、実費徴収については「教育・保育施設の利用において通常必要とされる経費であって、保護者に負担させることが適当と認められるもの」とされている。後者については、文房具代・制服代、遠足代・行事参加代、給食代・食材費、通園バス代などと国のFAQで具体的に例示されている。

認可保育所の場合

　私立認可保育所の場合には、従来通り市町村からの委託費により運営される。
　委託費は施設型給付費と利用者負担額を合わせた金額が支払われる。
　そのため、現状と大きく変化することはあまりなく、委託費は全て市町村から保育所へ支弁される。
　他に、従来受け取っていた自治体独自の加算の中で、新たに国からの「質の改善」に伴う補助の上乗せ分と重複される場合には、現行の加算部分について調整があることも想定されるため、自治体独自の加算の見直しを行う際にはどのように調整を行うのか、また、「質の改善前」と「質の改善後」においての見通しを含めた説明を運営事業者にすることが必要である。

認定こども園の場合（幼保連携型認定こども園の補助体系は分かりにくい）

　「幼保連携型」「幼稚園型」認定こども園には、特別支援教育や特色ある幼児教育について私学助成（特別補助等）が新制度の下においても継続されることとなっている。
※資料：子ども・子育て支援新制度について（幼稚園関係者向け）平成
　25年5月 P.21
　これは、当然のことながら学校法人や私公園に対してのみに財政措置

されるものである。社会福祉法人の認可保育所から移行した施設等は対象とされない。

つまりは、幼保連携型認定こども園であっても、法人格によって支給される補助があり、一方で支給されない補助が存在するのである。

現行では認可保育所も自治体独自の加算等の補助金を受けて運営をしている。こちらは、市町村で独自に上乗せをしているものなので、ある程度は調整がしやすい印象はある。

幼保連携型認定こども園においては、学校法人も社会福祉法人も同じ法律に拠り、同じ幼保連携型認定こども園教育保育要領に基づいて、教育・保育を提供するにもかかわらず、国が定める補助体系で一部が違うということは、大変分かりづらい。

国の資料の中で、「多様な主体の参入促進事業」に、認定こども園における特別な支援が必要な子どもの受け入れ支援（私学助成対象外の施設）に5億円程度の予算が見込まれている。これを見る限り、認定こども園への移行後に私学助成で残るものについては、違う形で支給されることが見込まれているようだ。

しかしながら、私学助成は都道府県から施設に支払われるものなので、お金の流れとしては複雑である。

こうした法人種別による違いやこれまでの補助体系を基に、どのように整理し対応していくのか、残りの期間での新制度への準備において、どのように、国、都道府県、市町村が整理し対応していくのかを見守りたい。

9 請求事務と徴収業務について

補助金の請求事務について

新制度においては、個人給付となるため請求については児童ごとに請求を行う。そのため、施設においてはかなりの請求事務の負担が増えることとなる。当然ながら、市町村においても、児童ごとの請求に対して、審査及び給付の支払いを行わなければならないため、膨大な事務手続きが発生する。

　また、請求事務においては施設の所在している市町村へ請求を基本とするが、市町村外から児童を受け入れている場合に、その児童の居住地である市町村へ請求を行うことが必要となる。

　利用者はこうした手続きが発生していることを認識していないので、転居等により住民票の所在地が変わった場合などの報告を保育施設や利用者に頼るのではなく、所管の担当部署が他の部署と連携の上で把握出来る仕組みを整えた請求ソフト等のシステムを構築することが望ましい。

保護者からの利用料徴収業務について

　新制度においては、委託費である保育所を除き、保護者からの徴収業務も発生する。

　従来の幼稚園や小規模保育事業などでは、保護者から直接の徴収は行われてきたが、保育所からの認定こども園への移行などで、保護者からの徴収業務に慣れていない施設も多くあると思われる。

　徴収については、施設によって様々な方法を採用されることと思われるが、一般的には入金記録の残る口座引き落としなどが無難な方法であろう。そのうえで、毎月の入金確認を行い、未収金の督促を施設より行わなくてはならない。

　これまで、保育所として市町村から委託費を受けていた施設が、保護者に直接に入金の督促を行うことは、非常にストレスのかかる事務業務

だと思われる。施設においても、施設長や児童の担任から督促を行うのではなく、事務職員を配置することで、事務的な入金の督促を行えるような配慮、仕組み作りが求められる。

10 施設型給付等の会計処理・使途制限　～株式会社の保育所整備が容易に～

　施設型給付は法定代理受領であることから、法人によって会計の取り扱いが変わってくる。執筆時点では、次のように示されている。
① 　会計処理
　・学校法人の運営する教育・保育施設、地域型保育事業…学校法人会計を適用
　・社会福祉法人の運営する教育・保育施設、地域型保育事業…社会福祉法人会計基準を適用
　・株式会社等の運営する教育・保育施設、地域型保育事業…企業会計基準を適用
② 　区分経理
　　公費の透明性の確保から、教育・保育施設、地域型保育事業ごとの区分経理を行う。
③ 　個別の検討課題として、7月31日の子ども子育て会議で示されている点としては、
　・使途制限の取り扱いについて
　　特に、施設型給付及び地域型保育給付に関しては、個人給付（法定代理受領）である性格上、介護保険制度・障害者総合支援制度における対応等を踏まえ、使途制限については設けないことを基本としてはどうか。

また、私立保育所に係る委託費については、市町村から保育の提供を委託され、これに基づき、市町村から施設に対して、当該施設による保育を必要とする子どもに対する保育の提供に要する費用として、支払われる性格にかんがみ、現行制度のように、使途制限を設けることを基本としてはどうか。

　なお、現行の保育所運営費では、株式会社が配当を行った場合、民改費が公私施設間の職員給与格差の是正等を目的としていることの性格上、対象としないこととしている。（株式会社に認められた行為である配当自体は禁止していない）

　一方、新制度において、民改費は廃止され、新たに、処遇改善等加算として、その性格・位置付けを変えることを踏まえた対応とすべきではないか。

　※処遇改善等加算については、上記の通り、その賃金水準の改善・維持についてチェックする仕組み

　その上で、公費に係る透明性確保の観点から、指導監督のあり方について検討することが必要である。

この使途制限における影響は次のことが想定される。
①現在、運営費の使途については一定の制限がある。それは、新規の保育所を開設する場合において、事業者には非常に悩ましいものである。

　具体的には、弾力運用による使途制限（根拠：児発第299号「保育所運営費の経理等について」児保第12号「「保育所運営費の経理等について」の取り扱いについて」）に関して、299号通知において、運営費の3か月分に限り同一の設置者が設置する保育所の建物の取得経費や土地又は建物の賃借料への支出、借入金の償還が認められているが、12号通知により、新たに保育所を経営する事業を行う設置者に

ついては「概ね1年間程度資金計画及び償還計画を着実に履行している場合」に限るとされ、新たに園を作る場合の事業者の負担となっている。また、これまでは法人又は他施設からの資金の貸借については、各施設経理区分間、本部経理区分又は収益事業等の特別会計に限り、当該年度内に限って認められているが、こうした縛りもなくなる。

認可保育所の運営費は委託費であるがために、こうした使途制限の制約を受けてきたが、株式会社が施設型給付である認定こども園（保育所型）等に移行することで、柔軟な資金の運用が可能となり、新たな施設整備のためや新規園の家賃・借入返済に資金を回すことが容易になることが期待できる。

こうした運営費の扱いの変更は、保育所開設に積極的な株式会社を後押しすることとなり、待機児童解消へ好影響を与えることと思われる。

②施設型給付を受ける幼稚園においては、現行の私学助成を受ける施設の取り扱いを踏まえ、公認会計士もしくは監査法人による財務諸表等の監査を受けることで会計監査の対象外となることが検討されている。

11 認可保育所を目指す認可外保育施設への支援～公定価格の試算からみる、認可外保育施設の認可保育への移行について～

筆者は、現在、東京都認証保育所を運営している。

この東京都認証保育所等の認可外保育所は新制度において認可保育に移行できるものであれば移行することが、利用者にとっても応能負担で

1　子ども・子育て制度の改変

の給付が利用できる良い選択だと考える。

　また、「待機児童解消加速化プラン」等により、認可外保育施設の認可化が支援されているが、この加速化プランの期間内に移行しないと、その後の対応は不透明である。事業者としては東京都認証保育所等が存続するのか不安になるところである。

　そこで、実際に運営している東京都認証保育所の移行の試算を行った。早々に、結論から言えば「質の改善後」の平成29年4月以降でないと、移行することは難しいと考える。その事例を基に、事業者からみた具体的な移行の選択肢を紹介したい。

　今回、試算したのは3つの事例である。①認可保育所（対象：0～2歳に限る）②小規模保育A型（施設長専任のあり、なし）③小規模保育B型（施設長の専任のあり、なし）この3つのパターンの収支シミュレーションをまずはみてみたい。

　試算事例としてあげるのは、
所在地：東京都調布市（12／100地域）
現在の運営：東京都認証保育所A型
　　　　　定員30名（0歳6名、1歳12名、2歳12名）
　　　　　平成17年11月に開設し、ほぼ減価償却を終えているため、計上していない。
　　　　　家賃52万円、面積約42坪の施設である。

1）認可保育所への移行の場合

　認可保育所への移行の場合、現状との変更点は職員配置についてである。保育従事者が配置基準上では全て保育士の有資格者となる。東京都

の場合、開所時間が保育時間とみなされ、この基準が適用される（保育時間＝開所時間）。

認可保育所30名定員（0歳6名、1・2歳各12名）	27年	29年
年間平均利用率	100%	100%
純売上高	52,719,840	62,071,920
	質改善前	質改善後
売上原価	50,002,340	51,605,230
給与手当及び法定福利費	32,199,840	33,890,330
正社員旅費交通費	1,080,000	1,080,000
パート人件費	5,457,000	5,457,000
採用・研修費	300,000	300,000
家賃（8%→10%）	6,801,600	6,864,000
水道光熱費	841,000	841,000
通信費（役務費）	302,500	302,500
給食費	684,000	684,000
衛生費	268,200	268,200
保育材料費	205,300	205,300
保険料	73,700	73,700
備品費	498,800	498,800
事務用消耗品	210,500	210,500
支払手数料	211,900	211,900
運営費	99,000	99,000
リース料	90,000	90,000
宣伝広告費	200,000	50,000
その他原価	379,000	379,000
消耗品（開設立上時＋その後分）	100,000	100,000
売上総利益	2,717,500	10,466,690
売上総利益率	5.2%	16.9%
販売費及び一般管理費		
営業利益	2,717,500	10,466,690
営業利益率	5.2%	16.9%

　国基準の補助金で想定した場合である。自治体独自で行っている加算等については、加味していない。

　また、東京都認証保育所は13時間開所としているが、この場合は11時間の開所を前提としている。

２）小規模保育A型への移行の場合

　小規模保育の場合、定員は最大19名とされる。

　小規模保育A型については保育従事者も全てが有資格者とされ、認

1 子ども・子育て制度の改変

可保育所と同じ基準である。

　ここでは、0歳6名、1歳6名、2歳7名の定員設定でシミュレーションしてみたい。その場合、専任施設長を設置する場合には6名の保育士を配置することとなる。分かり易く、試算の前提はすべて標準時間の保育利用児とする。

小規模保育A型　専任施設長あり	27年	29年	小規模保育A型　専任施設長なし	27年	29年
年間平均利用率	100%	100%	年間平均利用率	100%	100%
純売上高		39,338,910	42,998,830	純売上高		34,195,230	37,711,510

※レイアウトの関係上、表を分割して示す。

小規模保育A型　専任施設長あり

	27年	29年
年間平均利用率	100%	100%
純売上高	39,338,910	42,998,830
	質改善前	質改善後
売上原価	38,532,580	39,772,550
給与手当及び法定福利費	25,286,880	26,614,450
正社員旅費交通費	840,000	840,000
パート人件費	2,049,000	2,049,000
採用・研修費	300,000	300,000
家賃（8%→10%）	6,801,600	6,864,000
水道光熱費	625,300	625,300
通信費（役務費）	235,200	235,200
給食費	684,000	684,000
衛生費	170,300	170,300
保育材料費	112,100	112,100
保険料	49,400	49,400
備品費	279,300	279,300
事務用消耗品	144,100	144,100
支払手数料	159,500	159,500
運営費	57,300	57,300
リース料	59,600	59,600
宣伝広告費	200,000	50,000
その他原価	379,000	379,000
消耗品（開設立上時＋その後分）	100,000	100,000
売上総利益	806,330	3,226,280
売上総利益率	2.0%	7.5%
販売費及び一般管理費		
営業利益	806,330	3,226,280
営業利益率	2.0%	7.5%

小規模保育A型　専任施設長なし

	27年	29年
年間平均利用率	100%	100%
純売上高	34,195,230	37,711,510
	質改善前	質改善後
売上原価	34,956,100	36,014,600
給与手当及び法定福利費	21,830,400	22,976,500
正社員旅費交通費	720,000	720,000
パート人件費	2,049,000	2,049,000
採用・研修費	300,000	300,000
家賃（8%→10%）	6,801,600	6,864,000
水道光熱費	625,300	625,300
通信費（役務費）	235,200	235,200
給食費	684,000	684,000
衛生費	170,300	170,300
保育材料費	112,100	112,100
保険料	49,400	49,400
備品費	279,300	279,300
事務用消耗品	144,100	144,100
支払手数料	159,500	159,500
運営費	57,300	57,300
リース料	59,600	59,600
宣伝広告費	200,000	50,000
その他原価	379,000	379,000
消耗品（開設立上時＋その後分）	100,000	100,000
売上総利益	-760,870	1,696,910
売上総利益率	-2.2%	4.5%
販売費及び一般管理費		
営業利益	-760,870	1,696,910
営業利益率	-2.2%	4.5%

3）小規模保育B型への移行の場合

　小規模保育B型についても、小規模保育A型で試算した場合と同条件でシミュレーションしてみたい。

　小規模保育B型については、有資格保育者が必要人数の半分というところがA型との違いである。補助単価の違いと人件費の違いがどの

ように影響するかを見てみたい。

施設長は専任・兼任配置を、保育士３名と調理員１名の社員、他は非常勤で試算を行った。

小規模保育Ｂ型　専任施設長あり	27年	29年	小規模保育Ｂ型　専任施設長なし	27年	29年
年間平均利用率	100%	100%	年間平均利用率	100%	100%
純売上高	35,376,390	38,896,510	純売上高	30,232,710	33,609,190
	質改善前	質改善後		質改善前	質改善後
売上原価	37,139,620	38,016,650	売上原価	33,563,140	34,258,706
給与手当及び法定福利費	18,373,920	19,338,550	給与手当及び法定福利費	14,917,440	15,700,606
正社員旅費交通費	600,000	600,000	正社員旅費交通費	480,000	480,000
パート人件費	7,809,000	7,809,000	パート人件費	7,809,000	7,809,000
採用・研修費	300,000	300,000	採用・研修費	300,000	300,000
家賃（8%→10%）	6,801,600	6,864,000	家賃（8%→10%）	6,801,600	6,864,000
水道光熱費	625,000	625,000	水道光熱費	625,000	625,000
通信費（役務費）	235,200	235,200	通信費（役務費）	235,200	235,200
給食費	684,000	684,000	給食費	684,000	684,000
衛生費	170,300	170,300	衛生費	170,300	170,300
保育材料費	112,100	112,100	保育材料費	112,100	112,100
保険料	49,400	49,400	保険料	49,400	49,400
備品費	279,300	279,300	備品費	279,300	279,300
事務用消耗品	144,100	144,100	事務用消耗品	144,100	144,100
支払手数料	159,500	159,500	支払手数料	159,500	159,500
運営費	57,300	57,300	運営費	57,300	57,300
リース料	59,600	59,600	リース料	59,600	59,600
宣伝広告費	200,000	50,000	宣伝広告費	200,000	50,000
その他原価	379,000	379,000	その他原価	379,000	379,000
消耗品（開設立上時＋その後分）	100,000	100,000	消耗品（開設立上時＋その後分）	100,000	100,000
売上総利益	-1,763,230	879,860	売上総利益	-3,330,430	-649,516
売上総利益率	-5.0%	2.3%	売上総利益率	-11.0%	-1.9%
販売費及び一般管理費			販売費及び一般管理費		
営業利益	-1,763,230	879,860	営業利益	-3,330,430	-649,516
営業利益率	-5.0%	2.3%	営業利益率	-11.0%	-1.9%

小規模保育Ａ型・Ｂ型ともに、施設長を専任に配置した方が人件費は増大するものの収支は安定する。

しかしながら、定員が100％充足した前提での収支であるにも関わらず、質改善後も運営が厳しい。小規模保育は定員が19名以下となるため、定員が１名欠けた場合には収支上のダメージが大きい。

この試算からみるように、新設の場合には如何に家賃等をおさえ、初期投資額（減価償却費）が低く抑えられないと運営は厳しく、また、既

存施設からの移行の場合においては、減価償却が終わっていても小規模保育B型の運営は厳しいものであることが分かる。

　自治体の小規模保育に関するパブリックコメントなどで、保育士配置は100％を望む声が寄せられているのを見かけるが、保育士が確保できるのであれば事業者はA型を選択するようにインセンティブが設定されている。つまり、「お金」の面だけで見れば小規模保育であれば、A型で専任施設長を配置する事が一番良い選択である。

　現在の保育士不足の現状の中で、6名の保育士を確保せねばならないこと、また損益分岐点の高い事業であることから、事業者からは収支計画ほど魅力ある事業には映らないであろう。

　※今回の事例は、既存事業からの移行を前提としており、定員19名を対象とした施設としては家賃も面積も過大である。

　今回の試算については、定員充足率が100％のバラ色の移行試算であるが、実際には事務部門などの販管費を要するなど、その他費用も発生して、実際の収支はもう少し厳しいものとなることと思われる。

12 確認制度「施設整備と撤退について」

　今回の子ども子育て支援新制度においては、確認制度のなかで撤退制限が存在する。内閣府の示す新制度の説明資料では「対象施設・事業としての地位（確認）を辞退する場合、事前の届出、3ヶ月以上の予告期間の設定、利用者の継続利用のための調整義務を課す」とされている。

　※施設・事業自体から撤退は、都道府県知事等の認可等が必要。

　　また、撤退時の基準としては、確認の辞退・定員の減少における対応（利用者の継続利用のための便宜提供等）とも示されている。

　一方で、新たな新制度においては、保育の需要が供給を上回る場合に

は、認定こども園・保育所の認可・認定を原則認めなければならない。つまり、供給が上回るまでは施設整備が進んでいく前提の制度である。

いずれ供給過多になった状況のもとでは、利用者保護を必要としつつも、事業の継続が困難になる施設が必ずでてくることを想定しておかなくてはならない。

実際に、筆者が運営する東京都認証保育所（定員28名、弾力化34名）では、施設開園後に近隣に公設民営園やより駅近に別の東京都認証保育所が開園したことで、大幅に在園児数が減少している。（表参考）

現在は、おおよそ約160万円程度が毎月赤字になっている状況である。現在、4月に進級して在籍している児童は新規入園児がほとんどおらず、今後の先行きは更に厳しい状況である。

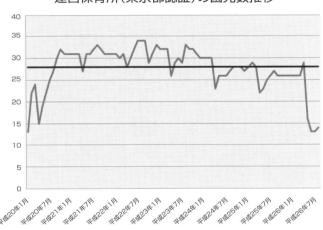

運営保育所（東京都認証）の園児数推移

こうした運営困難に陥る状況は、新制度施行後にも多くの自治体の中でも起こりうることである。

複数の施設を運営するような法人規模であれば、月々の大きな赤字も一定期間耐えたうえで、利用者の継続利用のための調整義務を行うことが可能かもしれないが、一法人一施設で運営するような場合で運営困難に陥った場合には、非常に厳しい状況であることを覚悟しておかなくてはならない。

特に、新制度下で小規模保育を運営する事業者は、近隣に新設園（認定こども園、認可保育所）ができると大きな影響を受け、一方では、自治体による利用調整を受けた子どもをお預かりするので、事業の継続性を確保するためにも安定的な財務基盤の確認は重要になってくる。

そのうえで、撤退は起こりうるものだという想定のもと、自治体と事業者の協力のもと、継続的な利用調整のための方策にも取り組まれたい。

13 認可外保育施設の利用者支援の拡充を

今回の子ども子育て支援新制度において、施設型給付も特定地域型給付も受けない認可外施設についても触れておきたい。

冒頭に述べたとおり、今回の新制度は消費税を財源とした給付で成り立つとなっている。その性質上、社会保障のための負担を国民全てで負う前提であるにも関わらず、認可外施設を利用する場合には、その給付を受けることが出来ない。そのことは利用者（子ども・保護者等）にとって大変不利益である。

この認可外保育施設については、東京都認証保育所等の自治体独自で助成を行っている保育施設も含まれている。

従来、この東京都認証保育所等は認可保育所等より利用者負担額が大きいケースが多く、また、応能負担となっている訳ではない。新制度においては、利用者は保育の必要性の認定を受ける。保育の必要性の認定

を受けながら、「認可」施設の利用ができず、保育料が「認可」施設より相対的に割高な施設を利用せざるを得ない。

また、そうした自治体独自で助成を行っている施設の児童は、公費が使われているということで待機児童として扱われない。

こうしたことから、国は認可外施設を認可施設に移行支援するとしつつも、自治体によっては、認可保育所に移行が出来る設備等を備えている施設であっても、移行を妨げる事例が多くの自治体について見聞される。

こうした対応は、結局のところ納税者である利用者の不利益につながることとなる。

先にも述べたように、横浜市が認可保育所と比べて小規模保育や認可外保育施設である横浜保育室の利用者負担額を低く抑えるように検討していることは、他の自治体においても参考にして頂き、是非とも取り入れて頂きたい。

新制度下での保育の利用については、法定代理受領をベースに設計されている。つまりは、子ども1人1人に対しての助成である。それを踏まえれば、全ての子ども達が、等しく権利を行使出来るように認可保育所への移行を促進するか、もしくは、（自治体独自の諸事情により移行を妨げるのであれば）公定価格の利用者負担と同等になるような助成を自治体の特性にあわせた形で行われるべきである。

第2章 新制度をいかに理解するか
―用語解説―

■1 はじめに

　平成24年8月に成立し、附則により平成27年10月1日に施行を予定している「子ども・子育て支援法」は、わが国が戦後初めて「すべての子ども」を対象にし、文部科学省、厚生労働省をまたいだ子どもの為の施策である。法の成立の背景として、現代日本においては、社会全体で子どもを育てていくことが重要であり、かつ必要な時代であることを意識し、現行の児童福祉法、学校教育法などを一部改正し、その上で新たな法律の制定において、より子どもが育ち、育てやすい社会環境の実現のために法制化を行った。

　また教育・保育においては、長年の課題である「幼保一体化」または「幼保一元化」について、現行の認定こども園法（就学前の子どもに関する教育、保育の総合的な提供の推進に関する法律）と共に、新たな幼保連携型認定こども園を創設することで、一応の一体化、一元化の道を作りだしたことは、就学前の教育を考える上で前進と言える。

■2 法律制定の背景

　少子高齢化する我が国の人口問題及び、社会保障制度の在り方に対し、その対策として法の制定の必要があった。若年層、子育て世代の貧困化、

第2章 新制度をいかに理解するか ―用語解説―

　非正規雇用の拡大、地域のつながりの希薄化による子育て能力の低下などの現状に対し、子育ての第一義的責務は家庭にあるとしながらも、社会全体で子育てを支援していく制度の早急な構築が必要であった。

　国の行った「国民の結婚や出産に関する調査」では、結婚の願望は高く、子どもも2人以上を出産したいとの結果が出されているが、現実とは乖離しており、社会全体で子育てを支援する仕組みが必要であることを裏付けている。次図は内閣府資料である。

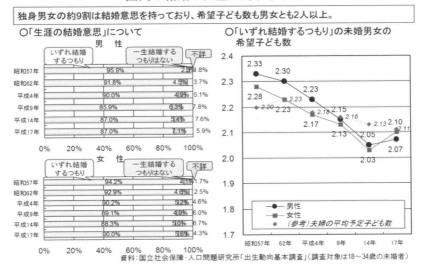

1 子ども・子育て制度の改変

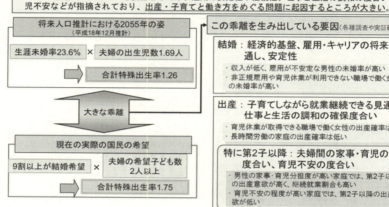

　また、東日本大震災では基礎自治体の機能が麻痺する中で、保育所、幼稚園での入所する子ども達の状況が把握されず、その支援も十分でなかったことを教訓に、保育所、幼稚園、家庭での子育てはそれぞれの制度を越え、横断的につながりを作り、地域全体の安心・安全の中で育っていくことの重要性も確認をしてきた。特に、民主党政権時の「子ども・子育て新システム検討会議」の中において、東日本大震災における実情報告から、文部科学省、厚生労働所省による縦割り行政ではなく、子どもに対しての一元的な行政の在り方が議論をされた経緯がある。

3 子ども・子育て支援法の趣旨

第2章　新制度をいかに理解するか ―用語解説―

そのような社会背景の中で、社会で子どもを育て支援をしてく為に子ども・子育て支援法は民主党政権から自民党政権への交代を受けながらも、成立する運びとなった。「すべての子どもに良質な幼児教育・保育を」は、法律の趣旨として引き継がれ、子ども・子育て支援法の柱となっている。

法律の趣旨
（平成24年8月31日通知）（公布通達）政府共生第678号、24文科初第616号、雇児発0831第1号、平成24年8月31日内閣府政策統括官（共生社会政策担当）、文部科学省初等中等教育局長、厚生労働省雇用均等・児童家庭局長

　子どもは社会の希望、未来を作る力であり、安心して子どもを生み、育てることのできる社会の実現は社会全体で取り組まなければならない最重要課題の一つである。
　子どもは、親、保護者が育むことが基本である。
　しかしながら、現在、子どもや子育てをめぐる環境の現実は厳しく、近年の家族構成の変化や地域のつながりの希薄化によって、子育てに不安や孤立感を感じる家庭は少なくない。また、待機児童の解消が喫緊の課題となっていることや、本格的な人口減少社会が到来し、子どもを生み、育てたいという個人の希望がかなうようにするためのサポートが強く求められていることからも、国や地域を挙げて、社会全体で子ども・子育てを支援する、新しい支え合いの仕組みを構築するということが時代の要請、社会の役割となっている。
　また、幼児期の教育及び保育が生涯にわたる人格形成の基礎を培う重要なものであること等に鑑み、地域における創意工夫を生かしつつ、小

学校就学前の子どもに対する教育及び保育並びに保護者に対する子育て支援の総合的な提供を推進する必要がある。

　これらの法律は、こうした観点から、認定こども園制度の改善、認定こども園、幼稚園、保育所を通じた共通の給付（施設型給付）及び小規模保育等への給付（地域型保育給付）の創設等を行い、質の高い幼児期の学校教育・保育の総合的な提供、保育の量的拡大・確保、地域の子ども・子育て支援の充実を目指すものである。

4 教育・保育の観点

　「同じ小学校に入学し、同じように一年生としてのよろこびを持つ子どもたちの、ある人は、幼稚園生活という経験をもっています。そして、また他の幾人かの人々は保育所の生活経験をもち、同時にまた、集団生活の経験をまったく持たない人々も同じ一年生であるということについて、ここ数年来いろいろの意見がではじめてきたことは、まったくあたりまえのことでしょう。そのいくつかを紹介してみると、まず一番にあげられることは、保育所と幼稚園の一元化という提案があります。」『これからの保育と教育』（筧三智子著、明治図書）

　この本の出版は1968年。今から46年前の出版ということになる。ようやく、幼保連携型認定こども園で実現をすることになるのであろうか。

　学校教育法第26条では「幼稚園に入園することのできる者は、満3歳から、小学校就学の始期に達するまでの幼児とする。」と明記されている。一方、保育所では児童福祉法39条に「保育所は、日々保護者の委託を受けて、保育に欠けるその乳児又は幼児を保育することを目的とする施設とする。」とされている。子ども・子育て支援法では、子どものための「教育・保育」という新語を定義した。そもそもは、子ども・

子育て会議の中でも「幼児期の学校教育・保育」とされていたが、平成26年に入り「教育・保育」という言葉に代わった。「幼児期の学校教育」は当然、学校教育法26条を示すわけであり、「保育」は児童福祉法第39条を示しているわけではあるが、その教育・保育内容は幼稚園教育要領、保育所保育指針によるところとなる。平成20年の幼稚園教育要領、保育所保育指針改定により、同要領及び同指針は内容の整合性を整え、「保育」とは「養護」と「教育」の一体化した形であり、子どもが主体的に環境とのかかわる中での包括的な、学びを「教育」と定義づけたわけである。しかし、「子ども・子育て支援法」では、幼保一体化の目的は達成しつつも、0歳児〜2歳児のいわゆる乳児についての保育は、教育から分離され、小規模保育、家庭的保育、居宅訪問型保育など、実際には「教育・保育施設」と分離することで、その設置基準を下げる結果となった。保育の託児化または保育の医療化となることを懸念する。さらに家庭における教育の第一義的責務を置くことは、より家庭への負担を強いる恐れもあることから、施設型給付による教育・保育給付のみならず、地域型給付による、地域子育て支援事業、いわゆる13事業の拡大と充実は同時に進行していかねばならない。この充実なくしては、法律の趣旨は損なわれる恐れも否めない。

　家庭のみで育つのではなく、人が人として育つ仕組み、特に乳児期の母親を含めた、母親以外への人との関わりに着目した育ちのあり方についても今後、重要な課題として捉える必要がある。生まれた子どもが、自己の身体を包んでいる環境、すなわち社会に意味を見出し、環境から自己を形成していく点で、乳児期の保育の役割は重要であることは自明である。自己を形成していく行為を「教育」とするのであるならば、乳児期の保育・教育は最重要であるはずだが、子ども・子育て支援法による制度では、0歳児〜2歳児までの保育を教育と切り離すことにおいて

制度設計がされており、その点を十分に理解した上で丁寧に、私達保育者、幼児教育者、また行政関係者は保育・幼児教育を進めていく必要があると考える。

同時に、都市部における待機児童問題と過疎地における少子高齢化問題は進行の度合いを深め、現行の保育所、幼稚園、子育て支援施策だけでは、全国津々浦々の多種多様な子どもを取り巻く諸問題は解決できていない。平成12年、児童福祉法改定を契機に、民間活力の活用による株式会社、NPO法人等の参入を図り多様な保育事業者による保育運営を試みるものの、株式会社立及びNPO法人の認可保育所は全体の2％（平成24年度）にとどまっている。これら、活用も踏まえながら、子どもを取り巻く諸問題を解決する糸口として、子ども・子育て支援法による様々な施策が展開されることも必要である。

5 用語解説

本書を読み進める上でキーワードなる用語について、子ども・子育て支援法を中心に、簡略ではあるが解説をする。

子ども・子育て支援法

平成24年8月22日制定。平成24年11月26日最終改正。全87条と附則からなる。87条は、9章で構成される。

第1章　総則
第2章　子ども・子育て支援給付
第3章　特定教育・保育施設及び特定地域型保育事業者
第4章　地域子ども・子育て支援事業
第5章　子ども・子育て支援事業計画

第6章　費用等
第7章　子ども・子育て会議等
第8章　雑則
第9章　罰則

> 子ども

18歳に達する日以降の最初の3月31日までの間にあるものをいい、「小学校就学前子ども」とは、子どものうち小学校就学の始期に達する前の者をいう。（子ども・子育て支援法第6条1項）

> コラム

児童福祉法にいうところの子どもと学校教育法にいう児童を併記する形での記載。児童福祉法では0歳から18歳を子どもとし、さらに0歳児を乳児、実際には0歳から2歳児までの3歳未満児童を乳児とし、18歳までの子どもを「子ども」と定義づけている。
学校教育法では満3歳から小学校就学始期を幼稚園教育の対象年齢としている。子ども・子育て支援法では、第7条1項の「全ての子ども」を対象とするため、児童福祉法及び学校教育法の両面の性格を反映し、また教育基本法の理念に基づいて、子どもを定義づけている。

> 子ども・子育て支援

全ての子どもの健やかな成長のために適切な環境が等しく確保されるよう、国若しくは地方公共団体又は地域における子育て支援を行う者が実施する子ども及び、子どもの保護者に対する支援をいう。（子ども・子育て支援法第7条1項）

1 子ども・子育て制度の改変

コラム

子ども・子育て支援法は、2010年1月、民主党政権時代の「子ども・子育て新システム検討会議」として発足した会議の議論を土台にして法案化した流れがある。保育所や乳児院などの児童福祉法上の施設や、学校教育法上の幼稚園を利用する子どものみが対象ではなく、すべての子どもに対しての、社会での育ちを保障するために論議を重ねた経緯がある。実際に、下記の表は東京都における就学前の子ども達の保育・幼児教育の関わり先を図式化したものである。

就学前児童入所状況推計比較
(東京都福祉保健局資料をもとに作成)※各種別により統計月に誤差あり

種別	H22年 入所	%	H14年入所数	%
認可保育所	172,797	28.7	151,270	26.0
幼稚園	171,275	28.5	175,600	30.1
東京都認証保育所	15,744	2.7	2,131	0.4
保育室	1,224	0.3	2,648	0.5
家庭福祉員(保育ママ)	1,720	0.4	1,064	0.2
ベビーホテル等	5,414	0.9	4,183	0.7
家庭	233,194	38.5	244,657	42.1
計	601,368	100	581,553	100

0歳児や2歳児は、育児休業や保護者の子育て観なども加わり、家庭で育つ子どもが多い。しかし、3歳以上の子どもにおいても、数千人が家庭ないし、把握できる範囲の保育所・幼児教育・認可外保育施設等以外で育っていることもわかる。全体としては、東京都下で23万人の子ども達が保育所や幼稚園、認可外保育施設等以外で育っていることを考えても、現行の制度の「漏れ」を補うためには、「全ての子ども」を対象にした制度の設計が必要である。民主党政権時の「子ども・子育て新システム検討会議」(全35回開催)においても、その後の国の「子ども・子育て会議」においても、ほぼすべての委員から、「全ての子ども」に対しての制度を構築し、運用していくことは一致した見解であり、子ども・子育て支援法の要であり、子ども・子育て支援の対象は、「全ての子ども」ということになる。

第2章 新制度をいかに理解するか —用語解説—

子ども・子育て支援給付

　子ども・子育て支援給付は、子どものための現金給付及び子どものための教育・保育給付とする。（第8条）子どものための現金給付は、児童手当（児童手当法（昭和46年法律第73号）に規定する児童手当をいう。以下同じ。）の支給とする。

コラム

　現行法では、大まかに言えば保育所や幼稚園などは、施設の運営費として在籍する児童の保育や教育に必要な経費として在籍児童数に対し直接、施設に支払われているが、「給付」制度にすることにより、子どもの現状（年齢、保育・教育の必要量）によって、給付の認定をそれぞれが受け、必要な経費を施設が代理受領することになる。子どもの育ちに必要な経費を、国の財源から捻出し、その子どもの為に利用する給付制度。ある保育・教育関係者の比喩では「子どもの背中にお金がついている」と説明。認定を受けた子どもが、利用可能な施設を利用することで、施設に経費が支払われるということの比喩。バウチャー制などの議論もあったが、給付認定と給付という形で、直接給付という形に落ち着いた。その子の保育必要量に合わせた保育の為の経費として、給付されることになる。関連して、児童福祉法39条の「保育に欠ける」は、「保育を必要とする」に改正され、子ども・子育て支援法施行時から、改定児童福祉法も施行される。

　民主党政権時には、「子ども手当」として、全ての子どもを対象にした直接給付を行ったが、その後、子ども・子育て支援法等の成案化に向け、民主党、自民党、公明党の三党の合意の末、「子ども手当」は「児童手当」としての給付になった。本来、労働拠出金としての「児童手当」を給付に盛り込むことの是非が問われたが、最終的には拠出金としての「児童手当」として決着した。

教育

　この法律において「教育」とは、満3歳以上の小学校就学前子どもに対して義務教育及びその後の教育の基礎を培うものとして教育基本法（平成18年法律第120号）第6条第1項に規定する法律に定められる学

1 子ども・子育て制度の改変

校において行われる教育をいう。(第7条)

> **コラム**
>
> 　保育と教育は過去、「保護教育」である幼児教育や、「保護養育」である保育など、様々な解釈の論争の中で、教育・保育の定義は明確でないままに現在に至っている。平成20年改定の保育所保育指針・幼稚園教育要領では、その内容を検討し同等のものとし、保育は養護と教育の一体的なものであるとし、同時に分離して行うことのできないものとした。特に保育所保育指針は厚生労働大臣の告示とし、同年より認可保育所では、保育課程による保育が行われるようになった。子ども・子育て支援法では、教育基本法第6条に規定される「公の性質を有するものであって、国、地方公共団体及び法律に定める法人のみが、これを設置することができる。」とされており、学校教育法第1条にて規定される「幼稚園」は、両方の性質から、国及び地方公共団体、学校法人のみの設置運営が可能となる。このことから、就学前教育は満3歳からの学校による教育を示し、公と学校法人に限定された。公及び学校法人立の幼稚園、認定こども園のみが、教育を受ける場として明示された。教育に対する、学校法人以外の参入、特に株式会社に対しての参入に反対は根強く、同じ学校教育法の1条項に示される「大学及び高等専門学校」においては、株式会社立の参入も認められているが、子ども・子育て支援法では、事実上、制限をされることとなった。

教育・保育施設

　この法律において、「教育・保育施設」とは、就学前の子どもに関する教育、保育等の総合的な提供の推進に関する法律（平成18年法律第77号。以下「認定こども園法」という。）、学校教育法（昭和22年法律第26号）第1条に規定する幼稚園（認定こども園法第3条第1項の認定を受けたもの及び第9項の規定による公示がされたものを除く。以下「幼稚園」という。）及び児童福祉法第39条第1項に規定する保育所（認定こども園法第3条第1項の認定を受けたもの及び第9項の規定による

公示がされたものを除く。以下、保育所という。）をいう。（第7条）

> **コラム**
>
> 　民主党政権時代の「子ども・子育て新システム検討会議」では、幼稚園、保育所、認定こども園のすべてを「総合こども園」とする案が示された。厚生労働省、文部科学省の2省庁による管轄の仕方についても、「子ども家庭省」の成立を目指し、一本化する方向で協議をした経緯がある。その後、三党合意の形成により「総合こども園」は「幼保連携型認定こども園」に、省庁の一本化は、内閣府による統括の下、厚生労働省、文部科学省の共管による現体制に移行していった。民主党政権時代の「新システム検討会議」においても、また現行の「子ども・子育て会議基準検討委員会」においても、特に利用者、保護者目線で意見を唱える委員からは、幼稚園、保育所、認定こども園、幼保連携型認定こども園、小規模保育等が乱立する結果となり、国民にはその違いが分かりづらく、新たな法の制定は利用者にとって理解しにくくなったと批判を受けている。

幼保連携型認定こども園

　この法律において「幼保連携型認定子ども園」とは、義務教育及びその後の教育の基礎を培うものとしての満3歳児以上の子どもに対する教育並びに保育を必要とする子どもに対する保育を一体的に行い、これらの子どもの健やかな成長が図られるよう適当な環境を与えて、その心身の発達を助長するとともに、保護者に対する子育て支援を行うことを目的として、この法律の定めるところにより設置される施設をいう。（認定こども園法（就学前の子どもに関する教育・保育等の総合的な提供の推進に関する法律）第2条7項）

1　子ども・子育て制度の改変

> **コラム**
>
> 　民主党政権時の「子ども・子育て新システム検討会議」においては「総合こども園」設立の構想が検討さていたが、その後の国の「子ども・子育て会議」において、新たな総合こども園の創設よりも現行法の活用である「認定こども園」への移行推進が強く示されるようになった。同時に、子ども家庭省設立は検討されつつも、会議での議論では議題とはされなくなった。「子ども・子育て会議」では、全ての子どもの為に新たな施策を作ることは、全会一致で進むものの、各論では保育・幼児教育関係者、地方自治体、学識者、経済・労働団体等の折り合いはつかず、結果として、幼稚園、保育所、認定こども園、全てが現行法の中で残る形で結論を迎えた。現行法では無かった新たな施設を創設する必要があり新たな、幼保連携型認定こども園を創設した。少子化する自治体に対しては、幼稚園と保育所を連携させる必要があり、また待機児童の多い地域においても、短時間利用児童も長時間利用児童も教育・保育を利用でき、その解消につながることも期待されている。子ども・子育て支援法による新たな施設は、現行法には無い施設である必要から、基準においても設備においても現行の施設を上回る、より質の高い教育・保育を提供する「幼保連携型認定こども園」が誕生した。現行の幼稚園と保育所の基準の高い方に合わせることが原則ではあるが、園庭の設置階、保育室の設置階など、地域の実情に合わせた基礎自治体の判断による基準での設置も認められている。
>
> 　また保育所保育指針と幼稚園教育要領に代わる、「教育・保育要領」が策定され、今後「保育教諭」による教育・保育が行われる予定である。

地域型保育

　この法律において「地域型保育」とは、家庭的保育、小規模保育、居宅訪問型保育及び事業所内保育をいい、「地域型保育事業」とは、地域型保育を行う事業をいう。（第7条5項）

家庭的保育

この法律において「家庭的保育」とは、児童福祉法第6条の3第9項に規定する家庭的保育事業として行われる保育をいう。（第7条6項）
1　この法律で、家庭的保育事業とは、次に掲げる事業をいう。子ども・子育て支援法（平成24年法律第65号）第19条第1項第2号の内閣府令で定める事由により家庭において必要な保育を受けることが困難である乳児又は幼児（以下「保育を必要とする乳児・幼児」という。）であって満3歳未満のものについて、家庭的保育者（市町村長（特別区の区長を含む。以下同じ。）が行う研修を修了した保育士その他の厚生労働省省令で定めるものであって、当該保育を必要とする乳児・幼児の保育を行うものとして市町村が適当と認めるものをいう。以下同じ。）の居宅その他の場所（当該保育を必要とする乳児・幼児の居宅を除く。）において、家庭的保育者により保育を行う事業（利用定員が5人以下であるものに限る。次号において同じ。）
2　満3歳以上の幼児に係る保育の体制の整備の状況その他の事情を勘案して、保育が必要と認められる児童であって満3歳以上のものについて、家庭的保育者の居宅その他の場所（当該保育が必要と認められる児童の居宅を除く。）において、家庭的保育者による保育を行う事業。（児童福祉法第6条の3の第9項）

小規模保育

　この法律において「小規模保育」とは、児童福祉法第6条の3第10項に規定する小規模保育事業として行われる保育をいう。（第7条7項）
　この法律で、小規模保育事業とは、次に掲げる事業をいう。
1　保育を必要とする乳児・幼児であって満3歳未満のものについて、当該保育を必要とする乳児・幼児を保育することを目的とする施設（利用定員が6人以上19人以下であるものに限る。）において、保育を行う

事業
2　満3歳以上の幼児に係る保育の体制の整備の状況その他の地域の事情を勘案して、保育が必要と認められる児童であつて満3歳以上のものについて、前号に規定する施設において、保育を行う事業（児童福祉法第6条の3第10項）

居宅訪問型保育

　この法律において「居宅訪問型保育」とは、児童福祉法第6条の3第11項に規定する居宅訪問型保育事業として行われる保育をいう。（第7条8項）
　この法律で、居宅訪問型保育事業とは、次に掲げる事業をいう。
1　保育を必要とする乳児・幼児であつて満3歳未満のものについて、当該保育を必要とする乳児・幼児の居宅において家庭的保育者による保育を行う事業（児童福祉法第6条の3第11項）
2　満3歳以上の幼児に係る保育の体制の整備の状況その他の地域の事情を勘案して、保育が必要と認められる児童であつて満3歳以上のものについて、当該保育が必要と認められる児童の居宅において家庭的保育者による保育を行う事業

事業所内保育

　この法律において「事業所内保育」とは、児童福祉法第6条の3第12項に規定する事業所内保育事業として行われる保育をいう。（第7条9項）
　この法律で、事業所内保育事業とは、次に掲げる事業をいう。
1　保育を必要とする乳児・幼児であつて満3歳未満のものについて、次に掲げる施設において、保育を行う事業

イ 事業主がその雇用する労働者の監護する乳児若しくは幼児及びその他の乳児若しくは幼児を保育するために自ら設置する施設又は事業主から委託を受けて当該事業主が雇用する労働者の監護する乳児若しくは幼児及びその他の乳児若しくは幼児の保育を実施する施設

ロ 事業主団体がその構成員である事業主の雇用する労働者の監護する乳児若しくは幼児及びその他の乳児若しくは幼児を保育するために自ら設置する施設又は事業主団体から委託を受けてその構成員である事業主の雇用する労働者の監護する乳児若しくは幼児及びその他の乳児若しくは幼児の保育を実施する施設

ハ 地方公務員等共済組合法（昭和三十七年法律第百五十二号）の規定に基づく共済組合その他の厚生労働省令で定める組合（以下ハにおいて「共済組合等」という。）が当該共済組合等の構成員として厚生労働省令で定める者（以下ハにおいて「共済組合等の構成員」という。）の監護する乳児若しくは幼児及びその他の乳児若しくは幼児を保育するために自ら設置する施設又は共済組合等から委託を受けて当該共済組合等の構成員の監護する乳児若しくは幼児及びその他の乳児若しくは幼児の保育を実施する施設

2 満3歳以上の幼児に係る保育の体制の整備の状況その他の地域の事情を勘案して、保育が必要と認められる児童であつて満3歳以上のものについて、前号に規定する施設において、保育を行う事業

1　子ども・子育て制度の改変

コラム

　0歳児～2歳児の保育に関しては、保育所による保育のみではなく、「地域型保育」とすることで教育と分離し、株式会社をはじめとする多くの事業者参入を見込むことで、多様な事業主体による、地域の実情に合わせた待機児童に対応できる制度設計とした。「子ども・子育て会議」では、当初案では「小規模保育所」「事業所内保育所」として「所」を入れ込んでいたが、保育所と分離し「事業」とすることで、その設置基準、職員配置基準を下げ、不足する3歳未満児の保育需要に対応できるようにした。

　待機児童解消には対応できるが、次世代育成としての保育の質として、基準を下げたことには課題が残る。一方、給食に関しては、低年齢児の保育であることから、離乳食、アレルギー食などの個別の対応が求められることから、自園での調理及び調理員の人件費の確保などが国の「子ども・子育て会議」は論点となった。保育の質の確保のために保育士の数は、基準職員数の50％を下回らないことが基準となる。また、事業所内保育においては、労働団体からの反対意見もあったが設置事業者の従業員のみではなく、地域の児童の入所枠も設けられた。

子ども・子育て支援給付の種類

　子ども・子育て支援給付は、子どものための現金給付及び子どものための教育・保育給付とする。（第8条）

　子どものための現金給付については、この法律に別段の定めがあるものを除き、児童手当法の定めるところによる。（第10条）

　子どものための教育・保育給付は、施設型給付費、特例施設型給付費、地域型保育給付費及び特例地域型保育給付費の支給とする。（第11条）

施設型給付費

　市町村は、支給認定子どもが、支給認定の有効期間内において、市町

村長(特別区の区長を含む。以下同じ。)が施設型給付費の支給に係る施設として確認する教育・保育施設(以下「特定教育・保育施設」という。)から当該確認に係る教育・保育(地域型保育を除き、第19条第1項第1号に掲げる小学校就学前子どもに該当する支給認定子どもにあっては認定こども園において受ける教育・保育(保育にあっては、同号に掲げる小学校就学前子どもに該当する支給認定子どもに対して提供される教育に係る標準的な1日当たりの時間及び期間を勘案して内閣府令で定める1日当たりの時間及び期間の範囲内において行われるものに限る。)又は幼稚園において受ける教育に限り、同項第2号に掲げる小学校就学前子どもに該当する支給認定子どもにあっては認定こども園において受ける教育・保育又は保育所において受ける保育に限り、同項第3号に掲げる小学校就学前子どもに該当する支給認定子どもにあっては認定こども園又は保育所において受ける保育に限る。以下「特定教育・保育」という。)を受けたときは、内閣府令で定めるところにより、当該支給認定子どもに係る支給認定保護者に対し、当該特定教育・保育(保育にあっては、保育必要量の範囲内のものに限る。以下「支給認定教育・保育」という。)に要した費用について、施設型給付費を支給する。(27条)

1号給付、2号給付、3号給付

　子どものための教育・保育給付は、次に掲げる小学校就学前子どもの保護者に対し、その小学校就学前子どもの第27条第1項に規定する特定教育・保育、第28条第1項第2号に規定する特別利用保育、同項第3号に規定する特別利用教育、第29条第1項に規定する特定地域型保育又は第30条第1項第4号に規定する特例保育の利用について行う。
1　満3歳以上の小学校就学前子ども(次号に掲げる小学校就学前子ど

1 子ども・子育て制度の改変

もに該当するものを除く。)
2　満3歳以上の小学校就学前子どもであって、保護者の労働又は疾病その他の内閣府令で定める事由により家庭において必要な保育を受けることが困難であるもの
3　満3歳未満の小学校就学前子どもであって、前号の内閣府令で定める事由により家庭において必要な保育を受けることが困難であるもの

> **コラム**
>
> 現行法では幼稚園の教育標準時間は1日4時間、年間39週を下らない、保育所では原則1日8時間、都市部では11時間の保育時間が定められている。子ども・子育て支援法では19条の1号、2号、3号により、教育保育時間の必要量の認定を行い、その教育・保育の費用として施設型給付費として運営に資する費用が給付される。
>
> | | |
> |---|---|
> | 1号認定子ども | 3歳以上児童 |
> | | (現行の幼稚園就学児童) |
> | 2号認定子ども | 3歳以上児童であって保育の必要な児童 |
> | | (現行の保育所就園児童) |
> | 3号認定子ども | 3歳未満であって保育の必要な児童 |
> | | (現行の保育所就園児童) |

支給認定

　前条第1項各号に掲げる小学校就学前子どもの保護者は、子どものための教育・保育給付を受けようとするときは、内閣府令で定めるところにより、市町村に対し、その小学校就学前子どもごとに、子どものための教育・保育給付を受ける資格を有すること及びその該当する同項各号に掲げる小学校就学前子どもの区分についての認定を申請し、その認定を受けなければならない。

2　前項の認定は、小学校就学前子どもの保護者の居住地の市町村が行うものとする。ただし、小学校就学前子どもの保護者が居住地を有しないとき、又は明らかでないときは、その小学校就学前子どもの保護者の現在地の市町村が行うものとする。
3　市町村は、第1項の規定による申請があった場合において、当該申請に係る小学校就学前子どもが前条第1項第2号又は第3号に掲げる小学校就学前子どもに該当すると認めるときは、政令で定めるところにより、当該小学校就学前子どもに係る保育必要量（月を単位として内閣府令で定める期間において施設型給付費、特例施設型給付費、地域型保育給付費又は特例地域型保育給付費を支給する保育の量をいう。以下同じ。）の認定を行うものとする。
4　市町村は、第1項及び前項の認定（以下「支給認定」という。）を行ったときは、その結果を当該支給認定に係る保護者（以下「支給認定保護者」という。）に通知しなければならない。この場合において、市町村は、内閣府令で定めるところにより、当該支給認定に係る小学校就学前子ども（以下「支給認定子ども」という。）の該当する前条第1項各号に掲げる小学校就学前子どもの区分、保育必要量その他の内閣府令で定める事項を記載した認定証（以下「支給認定証」という。）を交付するものとする。
5　市町村は、第1項の規定による申請について、当該保護者が子どものための教育・保育給付を受ける資格を有すると認められないときは、理由を付して、その旨を当該申請に係る保護者に通知するものとする。
6　第1項の規定による申請に対する処分は、当該申請のあった日から30日以内にしなければならない。ただし、当該申請に係る保護者の労働又は疾病の状況の調査に日時を要することその他の特別な理由がある場合には、当該申請のあった日から30日以内に、当該保護者に対し、

当該申請に対する処分をするためになお要する期間（次項において「処理見込期間」という。）及びその理由を通知し、これを延期することができる。

7　第1項の規定による申請をした日から30日以内に当該申請に対する処分がされないとき、若しくは前項ただし書の通知がないとき、又は処理見込期間が経過した日までに当該申請に対する処分がされないときは、当該申請に係る保護者は、市町村が当該申請を却下したものとみなすことができる。（第20条）

特例施設型給付費

　市町村は、次に掲げる場合において、必要があると認めるときは、内閣府令で定めるところにより、当該特定地域型保育（第3号に規定する特定利用地域型保育にあっては、保育必要量の範囲内のものに限る。）に要した費用又は第4号に規定する特例保育（第19条第1項第2号又は第3号に掲げる小学校就学前子どもに該当する支給認定子どもに係るものにあっては、保育必要量の範囲内のものに限る。）に要した費用について、特例地域型保育給付費を支給することができる。

1　満3歳未満保育認定子どもが、当該満3歳未満保育認定子どもに係る支給認定保護者が第20条第1項の規定による申請をした日から当該支給認定の効力が生じた日の前日までの間に、緊急その他やむを得ない理由により特定地域型保育を受けたとき。

2　第19条第1項第1号に掲げる小学校就学前子どもに該当する支給認定子どもが、特定地域型保育事業者から特定地域型保育（同号に掲げる小学校就学前子どもに該当する支給認定子どもに対して提供される教育に係る標準的な1日当たりの時間及び期間を勘案して内閣府令で定める1日当たりの時間及び期間の範囲内において行われるものに限る。次項及び附則第9条第1項第3号イにおいて「特別利用地域型保育」という。）を受けたとき（地域における教育の体制の整備の状況その他の事情を勘案して必要があると市町村が認めるときに限る。）。

3　第19条第1項第2号に掲げる小学校就学前子どもに該当する支給認定子どもが、特定地域型保育事業者から特定利用地域型保育（特定地域型保育のうち同号に掲げる小学校就学前子どもに該当する支給認定子どもに対して提供されるものをいう。次項において同じ。）を受けたとき（地域における同号に掲げる小学校就学前子どもに該当する支給認定子どもに係る教育・保育の体制の整備の状況その他の事情を勘案して必要があると市町村が認めるときに限る。）。

4　特定教育・保育及び特定地域型保育の確保が著しく困難である離島その他の地域であって内閣総理大臣が定める基準に該当するものに居住地を有する支給認定保護者に係る支給認定子どもが、特例保育（特定教育・保育及び特定地域型保育以外の保育をいい、第19条第1項第1号に掲げる小学校就学前子どもに該当する支給認定子どもに係るものにあっては、同号に掲げる小学校就学前子どもに該当する支給認定子どもに対して提供される教育に係る標準的な一日当たりの時間及び期間を勘

案して内閣府令で定める1日当たりの時間及び期間の範囲内において行われるものに限る。以下同じ。）を受けたとき。（第30条）

特定教育・保育施設の設置者の責務

　特定教育・保育施設の設置者は、支給認定保護者から利用の申込みを受けたときは、正当な理由がなければ、これを拒んではならない。
2　特定教育・保育施設の設置者は、第19条第1項各号に掲げる小学校就学前子どもの区分ごとの当該特定教育・保育施設における前項の申込みに係る支給認定子ども及び当該特定教育・保育施設を現に利用している支給認定子どもの総数が、当該区分に応ずる当該特定教育・保育施設の第27条第1項の確認において定められた利用定員の総数を超える場合においては、内閣府令で定めるところにより、前項の申込みに係る支給認定子どもを公正な方法で選考しなければならない。
3　内閣総理大臣は、前項の内閣府令を定め、又は変更しようとするときは、あらかじめ、文部科学大臣及び厚生労働大臣に協議しなければならない。
4　特定教育・保育施設の設置者は、支給認定子どもに対し適切な教育・保育（地域型保育を除く。以下この項及び次項において同じ。）を提供するとともに、市町村、児童相談所、児童福祉法第7条第1項に規定する児童福祉施設（第45条第4項において「児童福祉施設」という。）、教育機関その他の関係機関との緊密な連携を図りつつ、良質な教育・保育を小学校就学前子どもの置かれている状況その他の事情に応じ、効果的に行うように努めなければならない。
5　特定教育・保育施設の設置者は、その提供する教育・保育の質の評価を行うことその他の措置を講ずることにより、教育・保育の質の向上に努めなければならない。

6　特定教育・保育施設の設置者は、小学校就学前子どもの人格を尊重するとともに、この法律又はこの法律に基づく命令を遵守し、誠実にその職務を遂行しなければならない。

地域子ども・子育て支援事業

　市町村は、内閣府令で定めるところにより、第61条第1項に規定する市町村子ども・子育て支援事業計画に従って、地域子ども・子育て支援事業として、次に掲げる事業を行うものとする。
1　子ども及びその保護者が、確実に子ども・子育て支援給付を受け、及び地域子ども・子育て支援事業その他の子ども・子育て支援を円滑に利用できるよう、子ども及びその保護者の身近な場所において、地域の子ども・子育て支援に関する各般の問題につき、子ども又は子どもの保護者からの相談に応じ、必要な情報の提供及び助言を行うとともに、関係機関との連絡調整その他の内閣府令で定める便宜の提供を総合的に行う事業（59条1項）
2　支給認定保護者であって、その支給認定子ども（第19条第1項第1号に掲げる小学校就学前子どもに該当するものを除く。以下この号及び附則第6条において「保育認定子ども」という。）が、やむを得ない理由により利用日及び利用時間帯（当該支給認定保護者が特定教育・保育施設等又は特例保育を行う事業者と締結した特定保育（特定教育・保育（保育に限る。）、特定地域型保育又は特例保育をいう。以下この号において同じ。）の提供に関する契約において、当該保育認定子どもが当該特定教育・保育施設等又は特例保育を行う事業者による特定保育を受ける日及び時間帯として定められた日及び時間帯をいう。）以外の日及び時間において当該特定教育・保育施設等又は特例保育を行う事業者による保育（保育必要量の範囲内のものを除く。以下この号において「時

間外保育」という。）を受けたものに対し、内閣府令で定めるところにより、当該支給認定保護者が支払うべき時間外保育の費用の全部又は一部の助成を行うことにより、必要な保育を確保する事業（59条２項）
3　支給認定保護者のうち、当該支給認定保護者の属する世帯の所得の状況その他の事情を勘案して市町村が定める基準に該当するもの（以下この号において「特定支給認定保護者」という。）に係る支給認定子どもが特定教育・保育、特別利用保育、特別利用教育、特定地域型保育又は特例保育（以下この号において「特定教育・保育等」という。）を受けた場合において、当該特定支給認定保護者が支払うべき日用品、文房具その他の教育・保育に必要な物品の購入に要する費用又は特定教育・保育等に係る行事への参加に要する費用その他これらに類する費用として市町村が定めるものの全部又は一部を助成する事業。（59条３項）
4　特定教育・保育施設等への民間事業者の参入の促進に関する調査研究その他多様な事業者の能力を活用した特定教育・保育施設等の設置又は運営を促進するための事業（59条４項）

放課後児童健全育成事業

5　児童福祉法第６条の３第２項に規定する放課後児童健全育成事業（第59条５項）
　この法律で、放課後児童健全育成事業とは、小学校に就学しているおおむね10歳未満の児童であつて、その保護者が労働等により昼間家庭にいないものに、政令で定める基準に従い、授業の終了後に児童厚生施設等の施設を利用して適切な遊び及び生活の場を与えて、その健全な育成を図る事業をいう（児童福祉法第６条の３第２項）

子育て短期支援事業

6　児童福祉法第6条の3第3項に規定する子育て短期支援事業（第59条6項）

　この法律で、子育て短期支援事業とは、保護者の疾病その他の理由により家庭において養育を受けることが一時的に困難となつた児童について、厚生労働省令で定めるところにより、児童養護施設その他の厚生労働省令で定める施設に入所させ、その者につき必要な保護を行う事業をいう。（児童福祉法第6条の3第3項）

乳児家庭全戸訪問事業

7　児童福祉法第6条の3第4項に規定する乳児家庭全戸訪問事業（59条7項）

　この法律で、乳児家庭全戸訪問事業とは、一の市町村（特別区を含む。以下同じ。）の区域内における原則としてすべての乳児のいる家庭を訪問することにより、厚生労働省令で定めるところにより、子育てに関する情報の提供並びに乳児及びその保護者の心身の状況及び養育環境の把握を行うほか、養育についての相談に応じ、助言その他の援助を行う事業をいう。（児童福祉法第6条の3第4項）

養育支援訪問事業

8　児童福祉法第6条の3第5項に規定する養育支援訪問事業その他同法第25条の2第1項に規定する要保護児童対策地域協議会その他の者による同条第2項に規定する要保護児童等に対する支援に資する事業。（59条第8項）

　この法律で、養育支援訪問事業とは、厚生労働省令で定めるところにより、乳児家庭全戸訪問事業の実施その他により把握した保護者の養育を支援することが特に必要と認められる児童（第8項に規定する要保護

児童に該当するものを除く。以下「要支援児童」という。）若しくは保護者に監護させることが不適当であると認められる児童及びその保護者又は出産後の養育について出産前において支援を行うことが特に必要と認められる妊婦（以下「特定妊婦」という。）（以下「要支援児童等」という。）に対し、その養育が適切に行われるよう、当該要支援児童等の居宅において、養育に関する相談、指導、助言その他必要な支援を行う事業をいう。（児童福祉法第６条の３第５項）

地域子育て支援事業

９　児童福祉法第６条の３第６項に規定する地域子育て支援拠点事業（第59条９項）
　この法律で、地域子育て支援拠点事業とは、厚生労働省令で定めるところにより、乳児又は幼児及びその保護者が相互の交流を行う場所を開設し、子育てについての相談、情報の提供、助言その他の援助を行う事業をいう。（児童福祉法第６条の３第６項）

一時預かり事業

10　児童福祉法第６条の３第７項に規定する一時預かり事業。（第59条10項）
　この法律で、一時預かり事業とは、家庭において保育を受けることが一時的に困難となつた乳児又は幼児について、厚生労働省令で定めるところにより、主として昼間において、保育所その他の場所において、一時的に預かり、必要な保護を行う事業をいう。（児童福祉法第６条の３第７項）

病児保育事業

11　児童福祉法第6条の3第13項に規定する病児保育事業(59条11項)

　この法律で、病児保育事業とは、保育を必要とする乳児・幼児又は保護者の労働若しくは疾病その他の事由により家庭において保育を受けることが困難となつた小学校に就学している児童であつて、疾病にかかつているものについて、保育所、認定こども園、病院、診療所その他厚生労働省令で定める施設において、保育を行う事業をいう。(児童福祉法第6条の3第13項)

子育て援助活動支援事業

12　児童福祉法第6条の3第14項に規定する子育て援助活動支援事業(第59条12項)

　この法律で、子育て援助活動支援事業とは、厚生労働省令で定めるところにより、次に掲げる援助のいずれか又は全てを受けることを希望する者と当該援助を行うことを希望する者（個人に限る。以下この項において「援助希望者」という。）との連絡及び調整並びに援助希望者への講習の実施その他の必要な支援を行う事業をいう。(児童福祉法第6条の3第14項)

妊婦健診事業

13　母子保健法（昭和40年法律第141号）第13条第1項の規定に基づき妊婦に対して健康診査を実施する事業(59条)

1　子ども・子育て制度の改変

> **コラム**
>
> 　子ども・子育て支援法59条の13項を総称して「地域子ども・子育て支援事業」という。現行法の中でも行われている地域における子育て支援事業を、より強化して明確にした。「次世代育成行動支援計画」と関連をさせるなどして、地域の実情に合わせた「子ども・子育て支援計画」のもと行われる。

基本指針

　内閣総理大臣は、教育・保育及び地域子ども・子育て支援事業の提供体制を整備し、子ども・子育て支援給付及び地域子ども・子育て支援事業の円滑な実施の確保その他子ども・子育て支援のための施策を総合的に推進するための基本的な指針（以下「基本指針」という。）を定めるものとする。
2　基本指針においては、次に掲げる事項について定めるものとする。
一　子ども・子育て支援の意義並びに子ども・子育て支援給付に係る教育・保育を一体的に提供する体制その他の教育・保育を提供する体制の確保及び地域子ども・子育て支援事業の実施に関する基本的事項

二　次条第1項に規定する市町村子ども・子育て支援事業計画において教育・保育及び地域子ども・子育て支援事業の量の見込みを定めるに当たって参酌すべき標準その他当該市町村子ども・子育て支援事業計画及び第62条第1項に規定する都道府県子ども・子育て支援事業支援計画の作成に関する事項
三　児童福祉法その他の関係法律による専門的な知識及び技術を必要とする児童の福祉増進のための施策との連携に関する事項
四　労働者の職業生活と家庭生活との両立が図られるようにするために必要な雇用環境の整備に関する施策との連携に関する事項
五　前各号に掲げるもののほか、子ども・子育て支援給付及び地域子ども・子育て支援事業の円滑な実施の確保その他子ども・子育て支援のための施策の総合的な推進のために必要な事項
3　内閣総理大臣は、基本指針を定め、又は変更しようとするときは、あらかじめ、文部科学大臣、厚生労働大臣その他の関係行政機関の長に協議するとともに、第72条に規定する子ども・子育て会議の意見を聴かなければならない。
4　内閣総理大臣は、基本指針を定め、又はこれを変更したときは、遅滞なく、これを公表しなければならない。

子ども・子育て会議

　内閣府に、子ども・子育て会議（以下この章において「会議」という。）を置く。（第72条）
　会議は、この法律又は他の法律によりその権限に属させられた事項を処理するほか、内閣総理大臣の諮問に応じ、この法律の施行に関する重要事項を調査審議する。
2　会議は、前項に規定する重要事項に関し内閣総理大臣その他の関係

1　子ども・子育て制度の改変

各大臣に意見を述べることができる。
3　会議は、この法律に基づく施策の実施状況を調査審議し、必要があると認めるときは、内閣総理大臣その他の関係各大臣に意見を述べることができる。（第73条）
　会議は、委員25人以内で組織する。
2　会議の委員は、子どもの保護者、都道府県知事、市町村長、事業主を代表する者、労働者を代表する者、子ども・子育て支援に関する事業に従事する者及び子ども・子育て支援に関し学識経験のある者のうちから、内閣総理大臣が任命する。（第74条）

コラム

　現在の子ども・子育て会議の委員は、秋田喜代美（東京大学大学院教育学研究科教授）岩城眞佐子（全国国公立幼稚園長会会長）大日向雅美（恵泉女学園大学大学院教授）奥山千鶴子（NPO法人子育てひろば全国連絡協議会理事長）尾崎正直（高知県知事）尾見朝子（日本商工会議所若者・女性活躍推進専門委員会委員）柏女霊峰（淑徳大学総合福祉学部教授）橘原淳信（公益社団法人全国私立保育園連盟副会長）清原慶子（三鷹市長）駒崎弘樹（NPO法人全国小規模保育協議会理事長）小室淑恵（株式会社ワーク・ライフバランス代表取締役社長）榊原智子（読売新聞東京本社社会保障部次長）坂﨑隆浩（社会福祉法人日本保育協会理事）佐藤秀樹（社会福祉法人全国保育協議会副会長）佐藤博樹（東京大学社会科学研究所教授）髙尾剛正（一般社団法人日本経済団体連合会子育て支援部会長）高橋睦子（日本労働組合総連合会副事務局長）月本喜久（全日本私立幼稚園PTA連合会副会長）古渡一秀（NPO法人全国認定こども園協会副代表理事）北条泰雅（全日本私立幼稚園連合会副会長）宮下ちづ子（公益社団法人全国幼児教育研究協会顧問）無藤隆（白梅学園大学子ども学部教授）吉田大樹（NPO法人ファザーリング・ジャパン前代表理事）吉原健（社会福祉法人東京聖労院参与、前港区立赤坂

第2章　新制度をいかに理解するか ―用語解説―

子ども中高生プラザ館長）渡邊廣吉（聖籠町長）、子ども・子育て会議専門委員は、稲見誠（一般社団法人全国病児保育協議会会長）今村定臣（公益社団法人日本医師会常任理事）内田賢司（秦野市教育委員会教育長）葛西圭子（公益社団法人日本助産師会専務理事）坂本秀美（公益社団法人全国保育サービス協会理事）鈴木道子（ＮＰＯ法人家庭的保育全国連絡協議会理事長）溜川良次（全国認定こども園連絡協議会監事）山口洋（一般社団法人日本こども育成協議会副会長）による。

　親会である子ども・子育て会議と子会である基準検討部会に分かれ、会議を行っている。月に2回から3回のペースで開催され、一度の会議時間も3時間を超え、予定時刻に終わることは少なく、様々な意見が活発に出されている。内閣府ホームページにて会議の模様を視聴することが可能。民主党政権時代の委員は「子ども・子育て新ステム」の会議から引き続く委員が多い。

105

1　子ども・子育て制度の改変

> 市町村等における合議制の機関

　市町村は、条例で定めるところにより、次に掲げる事務を処理するため、審議会その他の合議制の機関を置くよう努めるものとする。
1　特定教育・保育施設の利用定員の設定に関し、第31条第2項に規定する事項を処理すること。
2　特定地域型保育事業の利用定員の設定に関し、第43条第3項に規定する事項を処理すること。
3　市町村子ども・子育て支援事業計画に関し、第61条第7項に規定する事項を処理すること。
4　当該市町村における子ども・子育て支援に関する施策の総合的かつ計画的な推進に関し必要な事項及び当該施策の実施状況を調査審議すること。
②　前項の合議制の機関は、同項各号に掲げる事務を処理するに当たっては、地域の子ども及び子育て家庭の実情を十分に踏まえなければならない。
③　前2項に定めるもののほか、第1項の合議制の機関の組織及び運営に関し必要な事項は、市町村の条例で定める。
④　都道府県は、条例で定めるところにより、次に掲げる事務を処理するため、審議会その他の合議制の機関を置くよう努めるものとする。
一　都道府県子ども・子育て支援事業支援計画に関し、第62条第5項に規定する事項を処理すること。
二　当該都道府県における子ども・子育て支援に関する施策の総合的かつ計画的な推進に関し必要な事項及び当該施策の実施状況を調査審議すること。
⑤　第2項及び第3項の規定は、前項の規定により都道府県に合議制の機関が置かれた場合に準用する。

コラム

　「地方版子ども・子育て会議」は努力義務により、審議会その他の合議制の機関として定められた。当初は「置くことができる」との規定であったが、その後「置くように努めるものとする」に改められた。地方版子ども・子育て会議では「市町村子ども・子育て支援事業計画」及び「都道府県子ども・子育て支援事業計画」の作成に重要な役割を担うと考えられる。

　地方版子ども・子育て会議の委員の人選については、地域の子ども及び子育て家庭の実情を十分に踏まえるよう留意する旨の公布通達があるが、反面、委員の構成が脆弱であったり、子ども・子育て会議そもそもの取り組みが形式的であったりと、市町村、都道府県による温度差を生じる結果にもなった。

第二部

変わる教育・保育の場

第3章 幼稚園・認定こども園

1 なぜ、「新制度」なのか？

（1）「新制度」の土台となる理念

　2015年4月から施行される「子ども・子育て支援新制度」（以下、「新制度」）は、消費増税分に財源を確保し、追加所要額7,000億円を子ども・子育てにかける大きな改革である。この「新制度」がなぜ導入されるのか。あるいは、どのような背景から「新制度」が必要とされているのか。ここで筆者は、この問いを自らに投げかけ、そのことにより「新制度」の土台となる理念について考えることにする。

　「新制度」に関して新聞報道等で目にするキーワードは、待機児童対策、女性の労働力確保、少子化対策が中心であり、どれも目の前の課題を含む優先順位の高いものである。しかし、恒久財源を確保した今回の制度改革が、OECDの提言（Starting Strong Ⅰ～Ⅲ）により推進されたとするならば、より長期的な視点から策定される子ども政策の重要性が明らかになる。

　例えばOECDが引用したヘックマン調査では、その縦断的な手法により幼児教育（保育）の効果が示された。その概略は、小学校就学前の子どもに質の高い幼児教育（保育）が提供された場合、それらの子どもが、そうでない子どもと比較して、高い学習成果や高い収入を得るとい

うこと。一方、質の高い幼児教育（保育）を受けた子どもは、そうでない子どもと比較して、犯罪を犯し逮捕されることが少ないという結果である。教育・保育は、当然のことながら、それぞれの子どもとその家族の幸せに寄与するものである。一方、子どもが成長して職に就き、良き市民、良き納税者となることは国にとっての利点であり、そこで示された小学校就学前の教育・保育に対する投資効果の高さが、OECD加盟諸国の政策に大きな影響を与えた。

　さらに、今回の追加所要額7,000億円が決して十分なものであるとは言えないが、その予算が「すべての子どもの最善の利益」のために使われることが重要である。フィンランドは、教育・保育の徹底した底上げにより、OECDのPISA調査で常に上位の成績を上げている。例外のない教育・保育の保障、換言すると、親の就労の有無や経済格差に関わりなく子どもが等しく質の高い教育・保育を受けられる仕組みが、フィンランドを「学力世界一」にしたのだ。

　これら長期的な視点は、社会背景は異なるが同様の課題を抱えるOECD加盟諸国で共通なものである。すなわちOECD加盟諸国は等しく、家族の数と規模の縮小により、教育・保育、社会保障、雇用等を含む包括的な制度改革を必要としており、少子化への対策はいずれの国でも緊急の課題である。また、数が少なくなった子どもの健全育成（質の高い教育・保育による）が、いずれの国でも重要な課題となっている。我が国でも以前から、少子化対策を中心とした包括的な子ども政策・家族政策が求められてきたが、その対策は決して十分でなかった。親の働き方や家族のあり方、そして地域コミュニティの変化が既存の制度の限界を招いてしまってから久しい。しかしこのたびの「新制度」は、OECD加盟諸国の中では"周回遅れ"かもしれないが、恒久財源を確保しての改革として画期的であり、歴史に残る取組みであると信じる。

（2）現場で感じる、「新制度」が必要とされる背景

　次に、上述した「新制度」の土台となる理念を踏まえ、筆者が教育・保育の現場で感じてきた子どもと子育てをめぐる変化について述べる。それらは、私たちの社会が、子どもが育ちにくく子育てがしにくくなっていった経緯と軌を一にし、筆者は、幼稚園そして幼稚園型認定こども園、さらに幼保連携型認定こども園それぞれの園長を経験する中で、その都度制度の限界を感じてきた。このような変化が、とりもなおさず「新制度」を必要とする背景に他ならない。

ア．３歳未満児の育ちが、かつてと違う

　少子化等の背景から、同世代の子どもと関わる機会が少なく、愛着形成の問題と相まって、人間関係能力の育ちが後退していると感じる。一方、家庭育児の孤立化等から、例えば排泄の自立（オムツの問題）等の生活面や運動面での育ちが十分でなく、年を追うごとに入園後の配慮が必要になってきている。

　愛着形成については子ども全般で感じる問題であるが、人間関係能力の育ちや生活面、運動面での課題は、おもに幼稚園での経験から感じることである。今日、幼稚園で新入園児３歳児を担当する保育者は、これらの問題から大変な苦労を強いられている。３歳以前からの教育・保育の重要性を感じる。

イ．「保育に欠けない」子どもは誰なのか

　「保育に欠ける」は現行制度上での保育所保育を受けるための要件である。しかしある意味で、今日「保育に欠ける」のは保育園児だけではない。これも幼稚園児をめぐって感じることだが、やはり少子化等の問

題から、帰宅後の家庭や地域での成育環境が必ずしも良質でないのではないか。兄弟や同世代の子どもが周囲に存在せず、公園等でも安全に遊ぶことが難しい現状があるからである。それは子どもが家族・大人とのみ過ごさざるを得ない状況であり、そこでの遊びと生活が気がかりである。親の就労の有無や働き方に関わらず、良質な成育環境が保障されるべきである。

ウ．親の働き方が変化し、退園を迫られる子ども

　労働の非正規化を含め、親の働き方の変化等から、突然「保育に欠ける」状態でなくなる場合が増え、既存の保育制度上年度途中で退園し幼稚園等に転園しなければならない子どもが増えていると聞き及ぶ。ある日突然、仲の良い友達や大好きな先生と一緒にいられなくなるわけだから、子どもからすると何とも理不尽なことである。「子どもの権利」からしても、継続的な教育・保育が妨げられることは望ましいことではない。安定した子育て環境を重視する労働政策が求められる一方で、親の就労の有無や働き方に関わらず、子どもに良質な保育・教育が保障される仕組みの大切さを痛感する。

エ．「学校教育」を受けられる子どもと受けられない子ども

　実際に保育所では、保育所保育指針にもとづいた保育が実施されている。そして、保育所保育指針と幼稚園教育要領の内容がほぼ同じものとなり、実際には保・幼・小連携が一定進んだ。しかし、OECD加盟諸国ではヘックマン調査等が根拠となり、"教育"に主軸を置いた幼保の統合が図られており、その意味から我が国でも、学校教育法上の「学校教育」がすべての子どもに保障されるような仕組みが求められていると感じる。法整備を含め、親の働き方等に関係なくどの子どもも等しく質

の高い「学校教育」を受けられ、その上で小学校教育に円滑に接続していく仕組みが求められるのではないか。

オ．親たちの暮らし方や育児に対する感覚の変化

　親たちの働き方・ライフスタイルが多様化している。一方で、家庭での子育てが孤立し、かつてない育児不安の中、子育ての"外部化"を進める意識が標準化してきていると感じる。育児不安については、上のアで触れたが、排泄の自立（オムツの問題）等の生活面や子どもとの関係づくり、あるいは"ママ友達"とのナーバスな人間関係等、歴史上かつてない重圧がとくに母親にのしかかっている。そしてそのような状況下、少しでも早く子どもを預けたいという子育ての"外部化"が進み、さらに「オムツは園の保育者にとってもらうもの」といった概念が生まれ、"外部化"が一般化・標準化してきているのではないかと感じる。親たちの不安に応えつつ、親たちが子育てを楽しいと感じ、子育てを通じて自らの成長が実感できるような子育て支援の必要性を感じる。

カ．地域コミュニティや街づくりを再考しないと、子どもは育たない

　子どもは常にコミュニティの中で大人の労働の一部を手伝う形で参画しつつ、相対的に独立した子ども集団の中で「遊び」を通して大人になっていた。しかし、残念ながら今日の子どもは、親と保育者以外の大人を知らない。それは、地域コミュニティそのものが崩壊し、少子化等で子ども集団が保育施設や学校等に限定されてしまい、それら子ども集団と地域の大人たちとの触れ合う機会が激減したからではないだろうか。かつての地縁に加え子育てを縁とした、子どもと多様な大人が関われる、新たな地域コミュニティの再構築が必要だろう。そのためには、地域コミュニティを再構築する拠点が必要となる。それは、一度壊れてしまっ

た自然生態系を再生するために作られた、「ビオトープ」のような拠点である。「新制度」でその拡充がうたわれている認定こども園はその拠点となり得る施設である。地域コミュニティが、子ども・人にとっての（子どもが大人に育つための）生態系だとすると、認定こども園はその生態系を再生する、子ども・人にとってのビオトープなのかもしれない。

（3）あらためて、大きな流れの中で感じる「新制度」の必要性

私たちは、かつて誰も経験したことのない人口減少社会を生きることになった。すべての分野がそうであるように、子ども・子育てをめぐっても、保育施設の数をただ増やすというような、右肩上がりの子ども政策はもはや通用しない。今後は、「総合施設」機能を発揮する認定こども園や多機能化した保育所、そして幼稚園等がネットワークを構築し、市区町村と協働して、街づくりの観点から子ども・子育てに関わる仕組みが求められる。一方TPPに象徴されるが、私たちの社会はグローバリズムの波にのみこまれていくだろう。これからの子どもたちには、多様な価値やライフスタイルを受容し合える態度や、答えが一つでない問題解決をする能力が求められる。そこで重要になるのは、（1）で触れたOECDがPISA調査でアセスメントする新しい学力観である。それは、どれだけの量の知識を記憶したかではなく、得た知識をどのように使えるかが問われる学力である。さらに我が国でも大きな課題となっているのが、子どもの貧困の問題である。直近の相対的貧困率では、6人に1人の子どもが貧困家庭で暮らしているという。親の経済格差に関わりなく、質の高い教育・保育が保障される仕組み作りが喫緊の課題である。

来年度から「新制度」は、多くの課題や未熟な部分を残してスタートすることになるだろう。しかし、このような大きな流れに沿って子ども・子育てをとらえる時、「新制度」が内包する可能性は大きいと感じる。

2 「新制度」になると、どう変わるのか？

　ここでは、幼稚園あるいは幼稚園ベースの認定こども園が、現行制度から「新制度」に移行すると、どう変わるのかということについて述べる。ただし2014年8月現在で、未だ制度の詳細が明らかでない部分もあるので、施行後の実際との間に生じる誤差についてはあらかじめ了承願いたい。

【私立幼稚園にとっての選択肢】
　国等の資料によりすでに明らかだが、私立幼稚園ベースでみると「新制度」への移行の方向性は次のとおりである。
　①「新制度」に移行しない幼稚園
　②「新制度」に移行する幼稚園
　③「新制度」に移行する幼稚園型認定こども園
　④「新制度」に移行する幼保連携型認定こども園

（1）市区町村との協働

　「新制度」施行をめぐって、そこに参入しようとする幼稚園・認定こども園は市区町村と関わらざるを得なくなる。それは「新制度」の実施主体が市区町村であるからだ。これは、今まで都道府県所管で運営してきた幼稚園にとって大きな変化である。以下に述べる施設型給付や利用手続き等あらゆるプロセスを、市区町村は自らが中心となり現場と協働して進めることになる。そして、市区町村が最初に行わなければならない大きな作業が「ニーズ調査」と「事業計画」である。これは、親・保護者の、現在と今後の教育・保育に関するニーズを調べ、それに基づき

５年間の供給体制を作り上げるという作業である。
　上記①「新制度」に移行しない幼稚園は今後も都道府県の所管により運営され、市区町村における施設型給付や利用手続き等のプロセスの枠外となるが、「事業計画」の供給体制には組み込まれることになる。

（２）施設型給付と私学助成

　「新制度」で運営する幼稚園・認定こども園は施設型給付により運営されることになる。現行制度では、幼稚園は私学助成、認定こども園は私学助成と保育所運営費で運営されているが、「新制度」ではこれらが一本化される。現行の幼保連携型認定こども園で見られる文部科学省色の補助金（私学助成）と厚生労働省色の委託費（保育所運営費）の２系統が、今後は内閣府からの、子ども色がついた施設型給付の１系統となる。さらに施設型給付は義務的経費であることから、私学助成よりも安定しているところが「新制度」に移行するメリットの一つである。一方、①「新制度」に移行しない幼稚園は、今後も私学助成で運営していくことになる。

（３）公定価格

　施設型給付は、親・保護者への個人給付であるが、それは法定代理受領という仕組みにより子どもを受け入れた園が受け取ることになる。さらに「新制度」になるとすべての子どもにかかる保育料（利用者負担）は、住民税による応能負担となる。そして、施設型給付と保育料（利用者負担）を合算した額が、地域や子どもの年齢、定員により公定価格とされ、園児一人あたりの単価が示されることになる。同一地域で同じ年齢の子どもを持つ同じ所得の家庭では、公定価格により、「新制度」で運営されるどの施設に子どもを入れても同額の保育料（利用者負担）となる。

2　変わる教育・保育の場

$$\boxed{公定価格} = \boxed{利用者負担} + \boxed{施設型給付}$$

　2014年7・8月、新聞等で既存の幼保連携型認定こども園が幼稚園と保育所に戻るという、「認定返上」の動きが報じられた。これは、5月に国が示した公定価格の仮単価イメージが一部の認定こども園にとって不利なものになっているという主張からの動きであり、国や都道府県はまず、実態の調査に乗り出している。それは「新制度」の仕組みそのものが複雑で、多くの経営者が公定価格による試算に苦労しており、場合によっては計算違いということもあるからだ。

　ちなみに、①「新制度」に移行しない幼稚園は従来通り、各園で定額の保育料（利用者負担）を設定することになる。

(4) 利用手続き

　現行の幼稚園と認定こども園の幼稚園部分では、直接契約により親・保護者が施設で入園の申し込みを行っている。一方幼保連携型認定こども園の保育所部分では、親・保護者が施設に申込書を提出し、市区町村の審査を経て各園で入所決定される。「新制度」の入園の申し込みでは、形としては従来と同様の流れになることが想定されるが、基本的な手続きとしていくつかの点が異なることになる。

ア．保育認定・支給認定

　「新制度」では保育が受けられる要件を「保育に欠ける」から「保育を必要とする」に改め、「求職」や「学生」等の要件を以前よりも柔軟にし保育を受けやすくする。その上で3－5歳の2号認定子どもと0－2歳の3号認定子どもについて、保育認定・支給認定を行う。この認定

は、保育標準時間と保育短時間の2段階とし、パートタイム等の短時間労働に従事する家庭への配慮となっている。

　なお、3－5歳の「保育を必要としない」1号認定子どもについては、必要となるのが居住地や年齢等の確認なので、施設を通じた簡便な手続きとなる。さらに①「新制度」に移行しない幼稚園での申し込みは、これら認定作業の枠外なので、まったく従来と変わらない。

イ．利用調整・契約、保育料の徴収

　2号認定と3号認定に関しては、原則的に市区町村の利用調整を経た上で各施設での契約となる。直接契約なので、保育料の徴収も従来通り各施設が行う。ここで従来の幼保連携型認定こども園の保育所部分と異なるのは、入園申込書に記載した第1希望から第3希望の施設をもとに市区町村全体での利用調整となる点である。全体での利用調整となるので、その子どもの第1希望がA園であっても、保育を必要とする度合いが低い場合、A園に第2第3希望を出している保育を必要とする度合いが高い他の子どもの入園が優先されることになる。

　どうしてもその施設に子どもを入園させたい場合、2号認定と1号認定の併願、現行だと保育所籍と幼稚園籍の併願が、今まで通り可能である。

ウ．応諾義務

　「新制度」になり従来の幼稚園が受け入れなければならない大きな課題の一つが、応諾義務である。いわゆる障がいの有無に関しては、受け入れ体制がない等の理由で他園への入園を勧められるが、定員に空きがあり何らかの正当な理由がない場合には、その入園を拒むことができない。消費税を増税して生み出す施設型給付が導入されるに際して、私立

幼稚園は今まで以上にパブリックな視点を強化すべきと考える。

(5) 運営上の課題

ア．「新制度」の理念の共有

　求めるものが単に幼保を併せた施設とすると、それは「新制度」の理念、すなわち、すべての子どもの最善の利益と乖離する。そこで働く保育者は、なぜ地域に向けた子育て支援や行政との協働が必要か、換言すると、なぜ「総合施設」機能が必要なのか理解する必要がある。「総合施設」機能が充実すればするほど教育・保育は多様化し、そこで共有する理念にブレが生じると大きな混乱がもたらされるからである。

イ．多様な保育時間への対応

　これは、親の働き方に関わらず子どもが継続した保育を受けるという視点から、認定こども園特有の課題と考える。ここでは降園時間が異なることを子どもの負荷にしない工夫が必要である。例えば3－5歳の14時までを学齢別、それ以降を異年齢のカリキュラムとした場合、異年齢での遊びの伝承が次の日の学齢別子ども集団に生かされる、というような工夫である。

　一方、例えば14時から段階的に降園時間を設定し（通園バスの時間を含めて）、場合によっては夕方まで過ごす空間を14時までのクラスと異なる環境で構成するなど、継続とメリハリの視点が重要である。さらに、3歳児の午睡をどのように考えるのかも、養護の視点と絡めて重要である。

ウ．「共通利用時間」での質の高い教育・保育

　多様な保育時間に対応すればするほど、「共通利用時間」の質をより

良いものにする努力が必要である。これは、すべての子どもが質の高い教育・保育を受けるという「新制度」の理念につながる視点である。そこでは発達の視点と相まって、子どもの学びを「遊び」を中心に捉えることが基本となる。

　小学校就学前の子どもが何をどう学ぶのかという視点から、「遊び」そのものに対する理解を深めると同時に、そこで基本となる「環境による教育」の意義を確認したい。

エ．職員間の連携・協働

　よく指摘されるのは、幼・保の文化の違いからそれぞれの職員の連携が難しいということである。しかし問題を困難にしているのは、仕事の仕方やポジションの違いではないか。例えば0－2歳がシフト制、3－5歳が担任制の場合、同一の賃金体系で一年間の変形労働時間制により働く時間を同一にしても、シフト制の方が定時で帰宅しやすく不平等感が出る。

　さらに認定こども園では、子育て支援専任の職員がいたり事務職員の人数も多いなど、大人数がいろいろな仕事に従事しており、これらのことが職員間の連携を難しくしている。教育・保育の質向上や「総合施設」機能に関する理念の共有が、なおさら重要であると感じる。

オ．保護者との関係作り、保護者同士のつながり支援

　池本氏が指摘するように、一部の国と地域では、親・保護者を単に支援が必要な弱い存在とせず、保育に参画でき保育の質の改善を可能にする存在としている1)。もちろん、「一時預かり保育」などの支援は、大変意義深い事業である。その上で、精神的にも物理的にも親・保護者の自立を後押しし、彼らが保育に参画する機会を作ることで、結果的に保

2　変わる教育・保育の場

育の質を向上させる実践が必要だ。そこでカギとなるのは、子どもの成長を共に喜び合うための共同作業である注1)。それは、親・保護者と保育者の関係を、消費者とサービス提供者の関係にしない戦略であり、その意義と実践方法の理解が重要である。

　一方、認定こども園で求められる子育て支援は、地域の「在宅子育て」家庭を含めたものであることの理解も重要である。

カ．地域との関わり

　幼保連携型認定こども園の職員は、"地域の教育力の復活"をスローガンに終わらせることなく、子どもの育ちにとっての地域コミュニティを実際に再生させるための手立てを習得しなければならない。地域には子ども・子育てを縁として、保育に協力したい個人や団体（NPO等）がたくさんいるので、それらとつながることで、子どもが多様な大人と関われる場を創出したい。

　地域コミュニティの再構築については、市区町村との協働が不可欠である。それは、「新制度」をめぐる包括的な子ども政策は市区町村が実施主体となるからである。そこでの地方版子ども・子育て会議で、地域コミュニティの再構築拠点となり得る幼保連携型認定こども園は、保育の現場を政策につなげる役割を積極的に果たすべきである。

1）池本美香、2014、「子ども・子育て支援新制度の課題」、日本総研 Research Focus　No. 2014 － 001　　http://www.jri.co.jp　2014.4.21

注1）6．実践例 参照

3 新制度に移行しない園がなぜ存在するのか？

　2014年の7月下旬から8月にかけて、新聞等で「新制度」移行に関する報道が相次いだ。都道府県により若干のズレはあるが、6月から7月中に行った各市区町村の意向調査がまとまってきたからだ。これによると「過半数の幼稚園が新制度に移行せず」、あるいは「約25％の認定こども園が『認定返上』」とあり、「新制度」の進捗にブレーキがかかる内容が散見された。

　これらの新聞報道は、国が5月に出した公定価格の仮単価イメージをめぐっての、現場の反応が主な内容である。これについては、2の（3）ですでに述べたが、仮単価で示された公定価格が一部の認定こども園にとって不利なものになっているという反応である。「新制度」の仕組みが複雑で現場での試算がどれだけ正確か不明であり、国や一部の都道府県はまず実態の調査に乗り出した。その上で、国が何らか対応策を講じるかどうかは今のところ不明であるが、「新制度」の実現に支障が生じることは避けるべきであり、一部ではあるが国に先行して県が現場を支援する動きも出ている。

　以下ここで、幼稚園の一部がなぜ「新制度」への移行をためらうのかを論じる。しかしそれは、上で述べた、「新制度」への移行が予想以上に低調なものとなる可能性が高いという、直近の幼稚園の動向以前の、筆者が感じている幼稚園そのものに内包された課題に基づいて述べるものである。

（1）パブリックな視点が持てるか

　現在幼保連携型認定こども園の園長である筆者が、かつて幼稚園の園

長であった時の自らの姿勢を振り返ると、執拗に教育・保育の質向上に取り組む一方で、非常に内に閉じた姿勢であったと記憶する。その頃はただ自園が良くなることだけを考え、他の園と何か連携して事業を行うとか、地元の佐野市と協働しようなどとは全く思わず、ある意味で閉じた理想郷を作ろうと考えていたかのようだった。そのため当然のことながら目指していた教育・保育の質向上も、今思えば尖ってはいたが薄っぺらいものであったに違いない。

今ならば園の重要な使命としている、街づくりの視点で保育・教育に取り組むという考えもなかった。幼稚園の所管が県であることから、県庁に出かけることはあっても市役所に行く機会があまりなかったということもあるが、その当時の筆者の中には街づくり的でパブリックな視点がなかった。

私学助成であっても公的資金であるので、幼稚園はそもそもパブリックな存在であるはずだが、筆者自身の体験では、「私学の独自性」あるいは「建学の精神」という言葉に象徴される姿勢が、園の運営を内向きなものにしていたと感じる。そしてその姿勢が、以下に述べる「新制度」のいくつかの点に馴染まず、結果的に「新制度」に移行しないという選択をさせることになったと考える。

ア．公定価格

従来の幼稚園は私学助成で運営され、そこでの保育料（利用者負担）は各施設で決められる。上述の「私学の独自性」に基づく施設では、時に比較的高額な保育料がある種の階層意識を支える。そこでは比較的高額な保育料が他園との差別化のための重要なツールであり、そこでは、同年齢・同一所得であればどの施設でも保育料が同額という、公定価格を受け入れることが難しい。

イ．応諾義務

　幼稚園は、国の指針である幼稚園教育要領を遵守すべきパブリックな存在である。しかし「私学の独自性」に基づく特色ある教育のあり方から、特定の子どもが選抜・排除される場合がある。そのようなある種の階層意識を有する施設では、応諾義務を受け入れることが難しい。

ウ．市区町村との関係作り

　すでに述べたが、所管が県であることから、幼稚園と市区町村との関係作りが難しいということもあげられる。これは現場と行政の相互に横たわる課題だが、その底流にあるのは、園の存在と運営をめぐって、パブリックな視点をどれだけ発揮できるかという問題だと考える。

（2）「新制度」への準備期間の無さ
ア．親・保護者への周知・説明

　「新制度」への移行を妨げるもう一つの大きな要因は、その準備の過程の困難さであると思われる。それは、2014年8月の時点で公定価格の本単価が提示されていないことから、2015年4月以降の経営が不透明であるという状況に加え、以下のような別次元の問題もあるからである。

　それは園児募集をめぐっての問題である。ほとんどの都道府県では、園児募集を開始するにあたり保護者に正式な保育料を伝えられない状況である。さらに利用の手続きについてさえ説明できない現状から、「新制度」への移行を断念し、従来の私学助成で運営する幼稚園に残る選択をした園も数多い。これは上述したパブリックな視点から言えば、そのような「新制度」の理念に賛同しつつも経営上やむを得ずその選択を強

いられたということである。

イ．園運営体制の準備・確立

　さらに、園児募集の問題に加えて、園運営体制の準備・確立をめぐる困難さが「新制度」への移行を妨げる要因である。とくに幼保連携型認定こども園では、その運営上、親・保護者からの理解に加え、職員集団の連携が必須である。そこでは、幼稚園機能と保育所機能を併せて持つこと以上に、地域との関わりへの対応を含めた複雑で高度な運営体制が求められる。この準備は一朝一夕に成し遂げられず、そのことの困難さから「新制度」への移行を断念する向きもあると思われる。

4 新制度の中での認定こども園とは？

　筆者が述べるまでもなく、とりわけ幼保連携型認定こども園は「新制度」における切札的存在である。それは1でも述べたが、我が国に限らずOECD加盟諸国が等しく体験している少子化が軸になる、「教育・保育、社会保障、雇用等を含む包括的な制度改革を必要」とする変化に対応する拠点となり得るのが認定こども園であるからだ。

　繰り返し述べる必要はないが、認定こども園は単に幼保の機能を一つにした施設ではない。そこには、多様な子育て支援すなわち在園児保護者と地域在宅子育て家庭の双方に対する子育て支援機能が求められ、さらに、すでに崩壊してしまって久しい地域コミュニティの再構築を使命とするのが認定こども園である。

（1）認定こども園への移行を決断した契機

　2007年に筆者が本園を認定こども園に移行させるにあたって、一つ

の大きな契機があった。それは2005年のチルドレンズセンター（イギリス）への視察である。

そこでは、質の高い教育・保育を中心に、多様な子育て支援がOne-Stop-Shopで実施されていた。ベビーカーを押

アンテイラー・チルドレンズセンター 2011

した若い親たちは、日本のように保育所や市役所、保健所と何か所も回らずに済む。施設内には母子保健や児童手当、育児相談やカウンセリング等の機能が完備し、まるで市役所の出先窓口があるようなOne-Stop-Shopのあり方にも驚愕したが、そこでの子育て支援は、一時的に子どもを預かること（だけ）が親をサポートすることという筆者の既成概念を壊すものだった。

例えば、私が訪問したチルドレンズセンターの周辺にはバングラディッシュから来た難民の方が多く住み、彼らは英語が話せないので職に就けず、結果的に貧困化していった。そうなると子どもに教育・保育を与えることもできなくなり、窃盗などの犯罪に手を染めることにもなり、結果として地域の治安が悪化するという悪循環が生じていた。チルドレンズセンターは、その問題に対応することをミッションとし、まずは親たちに英語を教え、ITなどの職業訓練も行った。さらに施設内にはJob-Centerが設置され、就職の後押しまでしていて驚かされた。ここでは子育て家庭の経済的な自立がサポートされていた。

一方、親たちが集まり食育や子どもの育ちに関する勉強会が開催され、親としてのメンタル面がサポートされていた。そこでは実際に、「子育てが楽しいと感じた」あるいは「親として少しだけ成長できた、ささや

かだが自信を得た」などの報告も聞くことができた。

　さらに2011年、ハックニー地区（ロンドン）のアンテイラー・チルドレンズセンターを再び訪問した際、当時の園長であるジャネット・ターナー氏から大変示唆に富んだ話を聞いた。それは、施設を取り囲んでいたフェンスの目隠しを撤去することができ風通しがよくなった、すなわちそれは、教育・保育を中心に親・保護者たちへの様々な支援を講じた結果、「この街が安全になった」からだという話である。ハックニー地区では貧困などから大変治安が悪化し大きな社会問題となっていたが、チルドレンズセンターが拠点となり、子育てを縁とした地域コミュニティの再生が功を奏し、街が安全になり活性化した。

（2）「新制度」の中での認定こども園の役割

　イギリスと日本では当然のことながら背景となる社会も文化も異なるが、少子化等の問題からいずれにおいても、子どもが育ちにくく子育てがしにくい状況への対応が求められている。我が国でただちに、チルドレンズセンター内に市役所の出先窓口を設けるようなOne-Stop-Shopを創出することは不可能だろう。しかし、質の高い教育・保育を目指しながら、子ども・子育てをめぐる「総合施設」機能の充実をはかることは喫急の課題であると考える。それは、いずれの国と地域でも、教育・保育を中心にした新たな仕組み作りが求められているからである。そして、これからの人口減少社会で求められるのは、様々な機能を有する施設や事業所等が相互に関わり合い協働する、子ども・子育てネットワークの構築であり、認定こども園はその中で拠点となるべき存在であると考える。

5 認定こども園のメリットは？

　ここでは実際に筆者が、幼稚園型を経て幼保連携型認定こども園の園長になってみて感じた、認定こども園のメリットについて述べる。

（1）子どもにとっての視点
ア．等しく教育・保育が受けられること
　幼稚園だった当時は、午後の保育すなわち預かり保育の利用者を拡充するための体制が十分とれず、共働き家庭等の「保育に欠ける」子どもの入園が難しいと感じていた。その一方で、1の（2）のイで述べたが、帰宅後の幼稚園児の「家族・大人とのみ過ごさざるを得ない状況」が気がかりで、親・保護者の就労の有無にかかわらず、一日の生活の中で良質な成育環境を保障することの重要性も感じていた。認定こども園とりわけ幼保連携型認定こども園に移行し、これが、親・保護者の就労の有無や働き方に関係なく子どもが質の高い教育・保育を受けられる仕組み

なのだと実感した。このことは、子どもの在園中に親の就労状況が変わっても、その子どもは通っていた保育所をやめなくて済むというメリットでもある。

イ．多様性を受け入れること
　子どもにとっての認定こども園のメリットをもう一つあげると、相互に相手を受容し合う力や態度が生活さながらに育つのではないかと感じる点である。認定こども園には、園の理念を土台に、多様な暮らし方をしている家庭の子どもが通ってくる。親・保護者の就労の有無や働き方によって、子どもの受ける保育時間は多様である。そこで子どもは、いろいろな家庭がありそこには様々な暮らし方があるのだと、相互の違いを当たり前のように理解する。

（2）保育者にとっての視点
ア．発達を見通す力
　現行制度の幼稚園では、満3歳児からの入園が可能になる。そこでは3歳児の教育・保育のあり方が難しく、4・5歳児のものを簡単にしたもので代えるという状況もあり得た。そのために団体等が行う研修では、3歳児をテーマとする分科会が設定されてきた。認定こども園となり、3歳未満児保育の教育と養護の大切さを痛感すると同時に、その発達に日常的に関われることの意義を感じる。

イ．生活を養護の視点で捉え直す力
　これも1の（2）のイで述べたが、少子化等で子どもが育つ家庭と地域の環境が変化し、生活全体の中で良質な成育環境を保障することが重要だと感じる。認定こども園に移行し3歳未満児保育の養護のあり方を

学ぶ過程で、3-5歳児の生活のあり方も養護の視点で捉え直すことが必要だと気づいた。それは、排泄等を自分で行う実感であったり食事を仲間とゆったり楽しむ心地よさであり、これらが身体をよく使う生活と相まって、遊びの結果もたらされる子どもの育ちをより確かにすると実感する。

ウ．教育・保育の質を向上させる力
　上で、生活を養護の視点で捉え直す視点が、遊びの結果もたらされる子どもの育ちをより確かにするのではないかと述べた。これは養護と教育を統合した取り組みであり、これを土台に小学校教育との接続を可能にするのは、教育・保育を一体的に提供する認定こども園の大きなメリットであると考える。

(3) 保護者・地域にとっての視点
ア．働き方に関わらず誰でも利用できること
　上述の(1)のアで触れたが、就労の有無や働き方に関係なく、子どもに質の高い教育・保育を保障できる仕組みは、親・保護者にとってのメリットでもある。

イ．多様なライフスタイルが相互に関わること
　本園では、就労の有無や働き方に関係なく、やりたくてできる人が保護者会の役員や係になっている。この後の6.実践例で改めて紹介するが、保護者会と園との共催事業である夏祭りでは、いわゆる「専業主婦家庭」と「共働き家庭」それぞれの良さが引き出されている。地域から2,000人の集客が見込まれるこの祭りでは、クラスごとに模擬店を経営しその収益を子どもたちに還元しようという共通の目的のもと、全員が祭りを

やる側になる。そこで多様なライフスタイルが交流することは、認定こども園のメリットである。

ウ．子育てが縁となり新しい形で地域がつながること

　今地域について感じていることは、子どもが親と保育者（教師）以外の多様な大人と関われるコミュニティを再構築する必要性であり、これについても6．実践例で触れるが、認定こども園はその拠点となって貢献できると考える。それは、認定こども園には、地域に向けた子育て支援機能が必須のものとして求められているからである。

（4）行政にとっての視点
ア．保育ニーズの新たな受け皿
　いくつかの市区町村では、直営の公立保育所を建替え等の際に統廃合し、そこで減った保育の定員数を、認定こども園の活用によりカバーするという計画を立てている。これは当面見込まれる、3歳未満児の保育ニーズの高まりへの対応として、新たな施設を建設するより合理的である。市区町村にとっての認定こども園のメリットである。

イ．保育と教育の機能を併せ持つ施設
　今日地方行政でも求められているのは、教育・保育と社会保障、さらに雇用等を包含した、包括的な子ども政策である。もちろん抜本的な少子化対策は必要だが、当面女性と幼い子どもの人口流出がその街の存続そのものを脅かしているからである。保育と教育の機能を併せ持ち、そこで多様な子育て支援を展開し「総合施設」機能を発揮する認定こども園は、ここでもメリットとなり得る。

ウ．街づくりの視点

　上述した包括的な子ども政策は、当然のことながら街づくりの視点により策定される。その際、認定こども園は街づくりの拠点として機能することが期待される。4の（2）でも述べたが、人口減少社会においては子ども・子育てのネットワーク構築が必要であり、認定こども園はその中で拠点となるべき存在であると考える。

6 実践例

　ここでは一つの実践例として、認定こども園あかみ幼稚園の取組みを紹介する。それらは認定こども園の「総合施設」機能のすべてではないが、そこで根幹となる幼保を一体化した教育・保育を中心に、地域コミュニティの再構築を視野に置いた子育て支援、さらに行政との関わりについて述べるものである。

（1）目指す教育・保育　～「共通利用時間」における一体的な教育・保育～

　幼保連携型認定こども園では、親の就労の有無にかかわらず、保育を必要とする状況が様々な子どもが通ってくる。そのため、多様な保育時間への対応が必要になる一方、おもに午前中の「共通利用時間」では、子どもの発達に沿った教育・保育が求められる。そこでは制度上の「学校教育」が中心となり、このことにより、すべての3－5歳児に学校教育法上の教育が提供されることになる。

　以下、すべての子どもの最善の利益のために、「共通利用時間」における一体的な教育活動の充実が大切だと考え、その取り組みとして次の2点を紹介する。

ア．PISA 型学力につながる学びの視点：遊び

　これから近未来を生きる子どもにとって、必要とされる「生きる力」の中核をなすのが学ぶ力である。それは、どれだけの知識を得るかという旧来の学力ではなく、得た知識をどう使うかという PISA 型の学力である。このような学びにつながる力は、遊びの結果としてもたらされると考える。子どもは抑えがたい意欲から自分の好きなこと・得意なことに取り組み、自己肯定感を獲得し、さらに挑戦する過程で粘り強い耐性や問題解決能力、コミュニケーション能力を得ていく。そのような遊びのレパートリーは無限にあるが、以下、共通する重要な要素を列記し、その上で、そのような遊びの環境として、2つの例を紹介する。

　　＊個と小集団、小集団と小集団が相互に生かされる
　　＊小集団の間に、物・イメージ・ルールが介在する
　　＊作って遊ぶ・遊んで再び作るという循環が、数日間持続する
　　＊遊びのイメージや役割などが試行錯誤の過程を経て調整・共有される
　　＊遊びの達成により集団的有能感が醸成され、遊びが年少児に伝承する

①物を作る（物に関わる）遊びの場が中心となり、ごっこ遊びなど複数の遊びの場がつながり、相互に活性化する空間

　5歳児・年長組になると、10人以上の小集団で、お店屋さんなど、たくさんの種類のごっこ遊びを展開す

作る遊びは持続する

るようになる。その特徴は、よりリアルさが追求されるところであり、結果として、子どもたちは、コミュニケーション能力だけではなく、お店の看板やメニューを本物らしく作ろうとし、文字で何かを伝える力を身に付けることになる。

　その過程で重要な役割を果たすのが物を作る（物に関わる）場である。ごっこ遊びのために必要なものが作られ、作って遊ぶ・遊んで再び作るという循環が何日も続く。そこでは遊びの中で様々な物・イメージ・ルールが調整・共有され、時には複数の集団が遊びと遊びをつなげていく姿も見られる。子どもは遊びたいから遊び、結果として、保育者の期待する様々な力や態度を自分から身に付けるので、このように相互に活性化する遊びが展開すると、質の高い子どもの育ちが期待される。

②ルールのある遊びなど集団による遊びが誘発され、伝承される空間

　5歳児・年長組のドッジボール、鬼ごっこは、3、4歳児クラスからよく見える園庭で繰り広げられる。それは、大きい子どもたちから小さな子どもたちに遊びが伝承することを願うからだ。ドッチボールは、この時期、競技ではなく遊びとして取り組まれることが大切だと考える。それは、ドッチボールを楽しむために、ルールを作ったり、守ったりすることが求められ、結果として、子どもたちが自律の力を身に付けるからである。

ルールを作り、守る子どもたち

イ．持続可能性への取組み

2 変わる教育・保育の場

　近未来を生きる子どもにやはり必要なのは、持続可能性という視点だと考える。以下に紹介する事例は、自然生態系に関する持続可能性と文化・人に関する持続可能性への取組みである。

①自然生態系に関する持続可能性：ファンタジーと環境教育の接点
　子どもたちのかっぱをめぐるファンタジックな活動が、たまたま出会った地域の伝説との関わりにより、現実の環境問題につながった事例である。その物語（ファンタジー）は、かっぱが夜中に来るのは、元々いた川が汚れて住めなくなり、園のビオトープに避難しに来ている、というもの。そこから子どもたちは現実の問題に着目し、「その汚れた川をきれいにしよう」と、河原のゴミ拾いに出かけることになった。小学校就学前の子どもがリアルな環境問題に出会うためには、ファンタジー（例えば、かっぱ）がその入り口として必要なのだと気付かされた。

夜になると、ビオトープにかっぱが来る

かっぱが元いた川をきれいにしたい

②文化・人に関する持続可能性：遊び文化と伝統文化との出会い
　グローバルな近未来では、語学力だけでなく、自分や自分を育てた文化・風土について語れることが求められる。次に紹介するのは、どろ粘土遊びの延長線上に焼き物（陶芸）を位置づけた活動である。日本の焼

き物文化は歴史的・芸術的にも優れており、子どもたちは遊びの延長線で、窯の炎を通して本格的な焼き物文化に出会うことになる。燃料となる赤松のまき割り、窯焚き（4日間）は、地域の人が誰でも会員になれる焼き物サークルと卒園する子どもの親たち、そして保育者が力を合わせて行う。

どろ粘土に関わる子どもたち

窯焚き（子どもたちはすべての工程に関わる）

（2）親・保護者支援
ア．参画を可能にする子育て支援

　本園の保護者会では、すべての親が就労の有無等に関係なく、それぞれができる範囲で役や係を担うことになっている。特筆すべき事業は、今年で23回目になる夏祭りである。模擬店を出すのは3歳児クラス以上になるが、地域から約2,000人の集客があるこの祭りで、まず親同士が、そして園の保育者も共同作業をし、大人同士が顔見知りになる。子どもたちへの還元（例えば劇団を招く）のために祭りでの収益を目指す際、共同作業が功を奏し「専業主婦家庭」と「共働き家庭」の強みが相乗効果で発揮される。

　もちろん、時に親は支援されるべき弱い存在だが、このようにつながることで保育に参画することも可能だ。親・保護者が参画することで保育の質が向上するので、そのような場が複数模索されるといいだろう。

それは、親・保護者と保育者の関係を、消費者とサービス提供者の関係にしないための、別な言い方をすると、親・保護者をお客様にしないための戦略でもある。

そして、このように大人同士が顔見知りになると、子どもの人間関係にもいい影響が出る。例えば子ども同士の

クラスごとの模擬店

ケンカの際、親同士が顔見知りだと「お互い様」という気持ちが自然とわいてきて、子ども同士のケンカに対して非常に寛容になれるようだ。反対にそうでないと、「相手の親はどういう人ですか？」などと神経質になり、担任の保育者も子どものケンカをすぐに止めたくなってしまうようである。そうなると、ケンカで子どもは人間関係を学ぶので、大切な学びの場を失うことになってしまう。

イ．交流の場としての子育て支援カフェ

在園する子どもの親・保護者への支援として、学校カウンセラーを配置した子育て相談等を行う一方、地域の在宅子育て家庭を支援する取組みとして、未就園親子教室を開催したり、交流のためのカフェを開設している。ここでは以下、このカフェについて紹介する。

このカフェは、親が子育てを楽しみ仲間を作り、結果的に地域が活性化する試みとして、園が場所を作り運営をNPOが行う、子育て支援カフェである。2005年に園のホールを建設する際、その一画をフリースペースとし、在宅子育てを含めたすべての子育て家庭への支援を行う拠点としてこのカフェを作った。基本コンセプトは、小さい子連れで来れる本格的なカフェ、おもちゃと絵本のライブラリー（購入も可）、子ど

もの古着のワークショップ、その他様々なイベント・講習会などである。講習会ではベビーヨガなど直接子育てに関わるものの他、プチ骨盤矯正やアロマセラピーなど、親自身が元気になるためのものも開かれ、等身大の子育て支援となっている。

　ここではまた、個人と個人が出会うだけではなく、絵本に関するグループや他の子育て支援団体同士がつながり、子育てを縁とした、新たな地域コミュニティの構築を見るようだ。

絵本とおもちゃのライブラリー

古着のワークショップ

（3）行政との関わり－地方版子ども・子育て会議をめぐって

　2007年に本園が幼稚園から幼稚園型認定こども園に移行し、まず最初の扉が開かれた。それまでは、幼稚園の所管が県であることから、ほとんど市役所に行く機会もなかったが、認定こども園となり地元佐野市との関わりが飛躍的に増加した。またそのことから、要保護児童対策地域協議会や地域交流センター運営等検討委員会、保育所整備運営計画策定委員会などで協働するようになり、これらが行政が認定こども園の役割や価値に気付く機会となった。

　その後、本園が2010年に幼保連携型認定こども園に移行することで、第2の扉が開かれた。この時期に以下引用する佐野市保育所整備計画が

策定され、そこでは認定こども園を活用しようとする佐野市の政策が顕著に表れている。そしてこの取り組みは、OECD/SS Ⅲ（2012）p.274に紹介された。

> 公立保育所の整備は、老朽化した保育所の建て替えや集約化（統廃合）を行い、新たな保育所設置基準に基づき適正な定員規模の施設とします。また、集約化（統廃合）により減少する定員枠については、民間保育所や認定こども園の整備・拡充を促すことにより、必要とする定員枠を確保できるよう、公立保育所と民間保育所等が協働して地域全体で子育てが行えるよう努めます。
> 　　　　　　　　　　　　　佐野市保育課（平成22年4月1日）

そして、このような取組みが土台となり、2013年に立ち上げられた地方版子ども・子育て会議、すなわち佐野市子ども・子育て会議では、ステークホルダーとして私立幼稚園および認定こども園そして民間保育所が市と協働して「ニーズ調査」および「事業計画」等に取り組むことができた。幼稚園と認定こども園、そして保育所が力を合わせて地方版子ども・子育て会議に臨むことは希少なことで、これは「地方版『子ども・子育て会議』の取組みに関する調査報告書」（内閣府）p.36に掲載された。

第3章　幼稚園・認定こども園

2013.4.16　地方版子ども・子育て会議立上げに関する勉強会。私立幼稚園、認定こども園、そして民間保育所の園長、そして、市からは子ども関係部・課を含めて　4課11人の参加。

7 今後の課題

　認定こども園は、単に幼稚園機能と保育所機能を合体させたものではない。そこで求められるのは、6.実践例でも述べたが「総合施設」機能の拡充・充実である。そして「総合施設」機能の拡充・充実の過程は容易でなく、常にいくつかの課題を抱えながらの取組みとなる。ここでは、それらいくつかの課題ついて述べることにする。

（1）教育・保育をめぐって

　本園では多様な保育時間に対応し、3－5歳の午後（14：00以降）の保育は、午前中の学齢別クラスと同様幼保の在籍に関わりなくという前提で、異年齢クラスで行われる。この異年齢クラスにはそれぞれ担任保育者を配置するが、この担任は午前中の教育・保育でサブの保育者として勤務する保育者である。

ここで今課題と感じるのは異年齢保育のあり方、とくにそこでのカリキュラムの改善についてである。先進的な異年齢保育の実践に学ぶことが必要だと感じる。さらに本園では現在、全員で午睡するのは2歳児までで、3歳児以上は個人対応で午睡・休息している。養護の視点から、とくに3歳児の午睡をどのように考えるのか、現在検討中である。

(2) それぞれの役割と機能の確認、および相互理解

認定こども園として「総合施設」機能を充実させる過程で、職員数が増加し（2009年の58人から2014年は79人）、さらに様々な仕事・役割を担う職員が同一の職場で働くことから、情報の共有や連携・協働が難しいと感じる。

それぞれの仕事や役割の確認をすることで、自分たちは何に基づき仕事をするのか（例えば、教育・保育課程の適応範囲の設定）という自覚の明確化が必要である。その上で組織を改革したり、組織図を視覚的に明確化するなどして、それぞれの仕事・役割の連携を大切にしたい。そのための課題として、やはり、法人全体の理念の確認を常に行うことが重要だと感じる。

(3) トップマネージメントの強化の必要性

上述したように、「総合施設」機能を充実させる過程での職員数の増加、および仕事・役割の複雑化から、チームによるトップマネージメントが必要とされている。当然のことだが園長一人ではどうにもならないということである。

この作業は組織の改革に沿って行われるが、予想以上に重要なのが事務機能の強化である。認定こども園となり、行政や地域と協働する機会が幼稚園のころとは比較にならないほど増加した。そこで事務機能は

トップマネージメントを支える土台である。一方で、「総合施設」機能が充実するに従い、組織としての意思決定や情報の共有に必要となる時間が増大した。そこではそのことにより、会議等の時間の短縮が課題となった。それは、「総合施設」機能の根幹である教育・保育を向上させるために不可欠な、ミーティングや準備等の時間が確実に確保されなければならないからである。さらに、昨今課題と感じるのは、職員のメンタルヘルス管理である。本園では学校カウンセラーを配置し特別支援教育や子育て相談等に取り組んでいるが、職員のメンタルヘルスについても、現在取り組みを始めている。

第4章 保育所

　ここ数年、保育現場では制度に関する懸念や不安・また期待が大きく、組織や団体の中でもさまざまな検討がされてきた。また、地域・法人によって情報量も考え方もかなりの差があり、同じ説明に対しても見解も解釈も様々であったため、混乱に至っているということも事実である。

　しかしながら、平成26年度が始まって以降、自治体による説明会やパブリックコメントの募集も始まり、いよいよ制度が本格的に変化していくことを実感するようになった。そして、制度改革を一施設長としてどのように制度を捉え、どのように実践に活用していくのかということを具体的にイメージし、実践する時期に来た。

　実際、新制度が導入されることで、保育所はどのように変化していく必要があるのか、また、いままでの実践をどのように発展させていくことが、子どもたちの最善の利益に繋がるのか、といったことを、筆者の立場から、整理してみる。

1 施設の運営

①財政的なこと

　施設を運営するにあたって、第一に浮かぶ不安は財政的なことだ。
　お金の仕組みが変わるということは、中長期的な計画を立て直す必要が出てくる。また、人材育成や職員処遇、保育環境の充実にも大きな影

響を与える。詳細については、他の章での解説にゆだねるが、現段階においてはっきりしていないことも多い。
　保育園の運営のほとんどは、市町村からの運営費によって賄われている。市外からの入所は、住民票のある各市町村に個別に請求する形になっている。
　また、子どもの人数はもちろんのこと、年齢の構成によって、収入に大きな差がでる。地域にもよるが、5歳児と0歳児であれば5倍以上の収入の差となる。職員の配置基準でいえば、5歳児30人に対して保育士1名であり、0歳児は3人に対して1人の配置と定められている。単純に考えれば、0歳児を多く入れればいいと考えられるが、子どもたちは卒園までストレートで入所していることがほとんどであるため、数年後には5歳児になる。そうなれば、乳児期には10人必要であった職員配置は1人という状況になる。つまり、一時的な運営だけではなく、数年の見通しをもって、子どもを受け入れる人数を考えていかなければならないという状況である。
　近年は、育児休業制度が浸透したこともあってか、1歳を迎えてすぐの入所が非常に多く、2歳児以降の入所が難しくなっていることも、現実としてある。そうなると、転入してきた3歳以上児と0歳という家庭は、なかなか2人揃って同じ園への入所は厳しくなる。財政面を考えて、更に職員の配置の見通しを立てながら運営をするということに苦心しながらも、入所を断らざる得ない状況も多く見受けられる。社会的課題でもあるように、保育士を採用したい時にすぐ採用できる状況ともいえず、かといって、0歳児が1歳児になる4月、配置基準に合わせて職員を半分に減らすために解雇することも現実的ではない。
　また、保育士の処遇は決していいとは言えず、乳幼児期の育ちを担うことの責任や子どもの育ちの可能性を、国家基準でどのように考え、ど

のように実現していくかということが問われている。

②事務負担

新制度において、要保育認定の設置や私的契約への移行による事務量の負担は、あちこちで懸念されている。実際、今の時点でも、保育の現場では事務作業の量は相当なものである。（以下参照）

対　象	内　容
運営的な事務内容 【行政・職員】	事業計画・事業経過報告の作成
	認可・登記等申請
	決算業務
	日常的な支払
	月次報告の作成
	申請事務【民間給与改善費・障害児保育　等】
	監査資料等作成
	組織活動に関すること【保育団体・園長会等】
	火災・車両等保険の取り扱い
	嘱託医との調整・検診の実施・報告
	物品の購入・管理【日常消耗品から建物まで】
	職員の健康診断関係【申し込み・管理】
	退職共済関係
	契約書の作成・給与計算
	社会保険・雇用保険・労働保険関係
	自己評価・外部評価・アンケート等の作成・集計・開示
	研修関係の取り扱い
	ホームページの管理
	規約・規定・マニュアルの取り扱い
保育面での事務内容 【園児・保護者】	保育士の配置【年度初め・日々のローテーション】
	パンフレット・名簿等の作成
	お便り・行事案内等の発行
	掲示物の管理

	防犯・防災対策
	苦情解決・第三者評価の設置運営
	個人情報の取り扱い確認
	備品購入・管理【折り紙、ガムテープ、つくえ　等】
	実費負担の請求・徴収
	入・退所についての業務
	登園許可書や投薬依頼書の管理
	延長保育・一時保育の調整・管理
	給食関係書類の作成・確認
	保護者会運営の補助・集金

　ここには記せていない、日常的な業務も多くある。

　事務の分担は園によって様々ではあるが、主に園長・主任が大半を担っている。

　設置している場合は副園長・事務職員、また税理士や社会保険労務士、行政書士への委託を行っている園もあるが、園児数の多い園によっては、保護者からの電話だけでも一日数十件の対応が迫られる。現状で相当な実務があるため、人材育成やニーズへの対応、新規事業への取り組み等は後回しになりがちで、クレーム処理的な業務環境になりやすい。

　ここに更に新制度への移行事務や保育認定の把握、保育時間の管理、延長保育の把握・請求・徴収の増加、保育料の徴収等の業務が出てくるとすれば、状況の把握だけでも相当な事務負担になることは間違いない。

　いくら事務加算がつくといっても、保育園の事務は特殊であり、資格制度や研修の実施もほとんどなく、実務の中で身につけていくしかない。一般事務と大きく違う点として、保育の内容や園児の名前や状況の把握を求められることがあげられる。加えて、事務を遂行している職員は、園内に1人ないしは2人という状況であるため、産休や疾病という状況で長期休暇ともなれば、大きなダメージを受ける。実際、私自身も何度

もそのような状況を経験し、その都度、子どもたちはもとより、職員や保護者に迷惑をかけてしまった。事務を効率化し、安心して保育に向きあえる環境作りも、園長の大きな課題であると感じている。

③職員配置

新制度移行に伴い前段でも述べたように事務職員の配置に加えて、保育士の配置も変わってくる。配置基準では、諸外国に並ぶほどの大きな変化はないが（3歳児は20：1から15：1へ）研修代替え職員の配置や活用は、園によっていろいろな対応が考えられる。

一口に、研修と言っても外部研修への参加と、園内で共通認識を図るための研修、また新任に対して行う日常的なアプローチなど様々であり、今回の加配については、主に外部研修への参加機会と捉えられる。今回、新たに加わったことは進歩であるが、研修の振り返りや評価など、効果につなげていく努力が、園側には求められてくる。また、個人のスキルやキャリアもそれぞれであり、働き方も多様であるため、いろいろな仕掛けが必要になるだろう。あくまでも、配置としての一保育士という感覚ではなく、ひとりの保育者としてのキャリア形成を意識しながら、育てていく視点と覚悟が求められている。

④人材育成

以前は、女性が結婚するまでの花形職業としての人気を誇っていた保育士という仕事も、社会変化による保育需要の高まりや、子育て支援施設や学童保育の充実による保育士の働き方の多様化に伴い、結婚、出産後も働き続けるという保育士も増えてきた。このことは、とてもありがたいことではあるが、加えて、保育士という専門性を磨いていくことが継続的に必要になってくる。制度の変化により、人材不足が起きること

は明白であり、地域によっては奪い合いに発展することも予想される。保育士が園で充実して働ける環境作りに加えて、人材育成をどれだけ意識して実践できるかが、園長の使命となる。

　専門性は、一度資格を取ったらそれで十分であるということはなく、日常的な保育の中での振り返りや、社会の動向、保護者への支援の方法など、日々アップデートしていくことが求められる。さらに、子どもたち一人ひとりの発達や心情に向き合い、日常的に関わる視点と、就学までにどのような見通しを立てて関わるかということが、重要である。それらのスキルは、手遊びやピアノといった技術よりも必要とされる専門性であり、意識的に育てない限りは、そう身につくものではない。

　園を運営していく上では、それらのことを踏まえた人材育成を考えていく必要がある。

　5歳児の担任をだれにするかという毎年行われる配置転換だけでなく、この保育士にどのようなスキルを付けていくか、何を補い、何を伸ばしていくのか、今の課題は何なのか、といった、一人ひとりの保育士を中長期的・客観的視点で捉え、さまざまな策を練っていくことはもちろん、園としてのヴィジョンの中での活躍法も描くことが必要であろう。

　いままでも、それぞれの園の方針次第ではあっても、園内外の研修に参加することは保障されてきた。しかし、研修だけでは「いい話を聞いた」「明日から頑張ろう」というモチベーションを高める機会にはなったとしても、その研修によって何が改善され、自分がどのように変化し、次はどのような学びをしていくのか、また、実際の保育にどのように反映され、保育自体が深化していっているのかということまでは及びにくい。

　中長期的視点をもって保育を行うには、ある程度体系的に、キャリアアップしていけるようなシステムが必要になってくる。もちろん、キャ

リア計画を立てるだけのスキルを、園長と主任保育士が身につけていくことは避けて通れないだろう。そのために、本園では、保育者との面談や自己評価を行っており、園によっては人事考課を取り入れているところもある。

　一人ひとりのライフサイクルを理解したうえで、さらに、突発的なアクシデントやライフイベントにも柔軟にかつ、前向きに対応しながら、長期的視点での人材育成ができるかどうかに、園の充実がかかっているといっても過言ではない。

2 保護者

①選択

　日ごろ、仕事についている保護者にとって、新しい制度の理解や施設の選択、また移行手続きは、多少なりとも労力のいることである。情報の整理や判断はもちろんのこと、申請書を書くこと、役所に行くことだけでも、日常的なことではなく、特に日中仕事を持っている場合は、時間調整が必要である。よって、できるだけわかりやすく、混乱を招かない形での移行を検討いただきたい。

　また、保育制度を深く理解し、子どもの通う保育園の保育内容と、家庭での教育方針を比較しながら園を選択している保護者もそう多くない状況であるため、手続き以前の選択段階での説明の検討も必要だ。

　子どもたちのための制度改革であるとは言っても、現実的に自分たちにどのように反映されるかはイメージしにくく、理解に時間がかかる。実際、現場の職員でさえも、給料がどれだけ上がるか、自分たちの処遇がどうなるかといった直接的な影響についての関心に留まっている。よって、今まで当たり前に行っていたこともあり、実際保育現場がどう

変化し、子どもたちにとってどのような影響が考えられるかといったことには考えが及びにくい。そのような中で、いかに保護者に伝え、協力関係を構築していくかということが今後の大きな課題である。

　できるならば、各園の努力としての説明会だけでなく、保護者、いうなれば制度の対象者に対して、行政による平等かつ、スムーズな説明会の実施を期待したい。子育て支援が国の方針であり、制度である事の説明はあえて要らないのだろうが、支援を受ける国民に対して、説明責任を果たしてもらうことで、制度をきちんと理解し、自分のニーズに合った選択をする機会にしてもらうことが、各園の保育の質を上げ、保育者、保護者ともに子どもが育つ環境を意識化するきっかけにもなる。各園独自の解釈だけで、継続利用が前提の説明会だけでは、さまざまな誤解と問題が生じると予想される。

　また、園側のアプローチがさまざまな形で展開されていくことも予想されるが、過度な宣伝や大人受けのいいメニューで固められたカリキュラムに、利用者が惑わされることのないアプローチであることを願う。選択するのは保護者であっても、実際に通ってくるのは子どもたちであり、私たちが日々、育ちを保障していくのは、子どもであることを、絶対に忘れてはいけないのだ。

②日常のこと

　何が大きく変わるかということは、園によりけりであろう。園によっては地域の子育て支援や一時預かり事業、放課後児童クラブ等の増設などが考えられる。そうなれば、日常的に園で過ごす人間の数が増え、多様な人が存在することになる。活気があふれると同時に、生活の中でのいろんな心配事が出てくる。

　まずは、担当は別に置くとしても、日常的に把握することが増えると

いうことは大きな負担となる。また、同じ敷地内での事業が増えるたびに、生活雑音は増える。動線もしっかり考えておかなければ、衝突・混雑にも繋がる。今後、毎日の生活が落ち着かなくならないように配慮することは、大きな課題となる。

　また、保育園が認定こども園になった場合、1号認定の子どもたちをどのようにいままでの保育の中に位置づけていくかということへの心配をよく耳にする。

　子どもたちの生活は、夕方までゆったりと流れており、そこでの遊びを通して充分に学んでいる。だから、時間通りに運ぶことが第一前提ではない。登降園も、保護者の仕事や家庭の状況によって幅があり、延長保育の設定はあっても、入園状況で子どもたちを分けたりすることはない。そこに1号認定の教育部分の子どもたちが入園してきた場合、どのようにクラスの中で位置付けていくかということはそれぞれの園での検討が急がれているようだ。

　筆者の園で移行することを想定した場合、今までの保育の中に1号認定の子どもが入園してきても、生活の中での学びという方針を変えることも、一日の流れを大きく変えることもイメージしていない。ただ、半日で帰るという状況があるというだけだ。

　しかし、行事や園外での保育など、確実に1日保育園に居てもらいたい時は、あらかじめ保護者に延長保育の申請をお願いして、子どもたちの経験や体験に、なるべく差が出ない形で臨む。そのことを園の方針として、前提条件とした上での入園の説明を行うことで、同じ園内での学びの機会を保障したい。

　また、保育者と子どもたちの生活が迎えによって分断されないために、ある程度、降園時間を限定することも視野に入れる。例えば、食事中であったり、お集まりであったり、絵本の途中であったりと、保育時間に

は分断したくない時間が結構ある。一定のルールを決めることで、子どもたちの大事な時間を保障できるのであれば、それは大人として当然の教育的な配慮である。筆者としては、子どもたちとの生活を保障するということでの理解を抜きにして、親への支援という形での運営はあり得ない。

3 子どもたち

①保育時間【せいかつ】

　子どもたちにとって、さまざまな時間区分があるということはどのようなことが想定されるか考えてみた。短時間の子どもと長時間の子どもが、例えば園庭の虫に興味を持ち、半日かけて捕まえたり、観察したり、事典などで調べていたとしよう。そこで、短時間利用の子どもの帰る時間がくる。子ども自身はこのまま友達と遊びを深め、明日も続けたいと願っている。しかし、帰らないといけない。長時間の子は、残りの半日も、園庭中を散策し、他の子どもとこの遊びを続けていく。次の日に登園してきた短時間の子は、さて同じように、遊びの学びを共感し、共有できるだろうか。

　また、お昼寝前の掃除や夕方の水やり、洗濯物を取り入れること。保育園の生活の中には、字を学ぶことや計算をすることよりもっと大事な、生きることをたのしむ力が育つ機会がたくさんある。そのことなくして教育とは言えず、毎日が学校でいう「総合的学習の時間」に値する。だからこそ、教育時間という考え方は非常に違和感があり、生活をいかに学びの機会とするかということでの解釈がしっくりとくる。文字もあいうえおから順に机に一斉に座って学ぶことではなく、生活の中にある文字を「読みたい」と思ったときに、学べる環境があるということが、本

来の学びであると捉えている。絵本を読む中で文字を習得していたり、異年齢の関わりの中で、年上の子にあこがれていたり、学んでいたりする場合も多く、ほとんどの子が、あいうえおよりも先に自分の名前を書くようになる。

　これは非常に重要なことで、学びはそもそも与えられて身につけるものではなく、自分でつかもうとすることで身についていくものだ。そのために、保育園の環境にはさまざまな仕掛けがあり、保育士には常に心構えがある。

②保育内容【学びが遊びとともにある】
　前段でも述べたが、遊びと学びは密接にある。遊んでいることが学びであり、学んでいることが遊びとなるということは非常に幸せなことだと考える。さまざまな概念は、先に経験があってこそ理解に繋がる。数の認識にしても、人とものを持ち寄った経験や分け合った経験があるかないかで、認識に差が出てくる。１＋１を教えるより先に、何かを持ち寄った経験で、足すということを実感しているかどうか。ということだ。そう考えると、過剰な早期教育は、概念を詰め込むだけのことになりやすく、子ども自らつかんだものとはならない。

　また、それだけでは「感性」や「感情」は育たない。嬉しかったこと、楽しかったこと、悔しかったこと、面白かったこと、悲しかったこと･･･それらの実感が、学びと遊びのなかにあることで、人間性が育っていくのだ。ゆるやかで、やわらかな時間と空間の中で、専門性のある大人が存在する生活こそが、乳幼児期には必要不可欠なのだ。

4 保育者

①意識

　保育はあくまでも生活とういうカテゴリーで認識されていたが、その中にどれだけの教育的意図があっただろうか。

　例えばおむつ交換。衛生管理という観点で、無言でさっと取り換えた場合。もしくは「こんなときに・・・」と不機嫌に取り扱うような状況だった場合。それは【業務】でしかない。

　それと比較して「あら。気持ちよかったね〜このままだと気持ち悪くなっちゃうから、きれいにしようか」と声をかけた場合。それはごく自然に愛情という感情で生まれているものかもしれないが【おしっこが出るのはきもちいいということなのだ。】【このまましておくと、気持ち悪いのだ。この前気持ち悪かったな〜】【きれいにするってどんなことかな】といった、ことばには表れなくとも、子どもなりの学びの機会がある。これは明らかに教育的価値のあることである。

　私たち保育者はそのことをもっと意識しなければならないし、保護者や社会に伝えられるだけの専門性を身につけていくことが求められてくる。

　保育園は長年、現場での実践はともかく、社会的イメージとしては【託児】であった。保育に欠けるかわいそうな子を、母親に代わって面倒をみる。やさしいお母さん的な先生の安心感があり、元気なお姉ちゃん的な存在の先生がかわいがってくれたらそれで充分であった。つまり、そこには【ありがたさ】はあっても【教育的期待】はあまり求められていなかった。

　その中で、保育士はあくまでも【母性】的なかかわりを求められ、子

どものかわいさや、やさしさ、自分たちの大変さや、頑張りといったいかにも情緒的なことを以て実践としてきた。もちろん、子どもとかかわる仕事としての感情としては、とても大事なことではある。しかし、社会の変化により、子どもが大好きでこの仕事を選んだという単純な動機だけでは、保育士を生涯の仕事として継続していくことは難しい時代になった。制度の転換期において、教育的な価値や、福祉的観点での専門性が求められてくることで、第一に課題となることは、保育士自身の意識であることは間違いない。

② 働き方

　保育者の働き方も、大きく変化していく。今までは、保育士は保育園に就職することが一般的で、まれに、児童養護施設や子育て支援という選択もあったが、同一法人内での移動ということはほとんど意識されてこなかった。養成校においても、保育園の実習や実践を学ぶ機会は多くあるが、学童保育や夜間保育といったことへの学びは、あまりイメージされてこなかったように感じる。

　保育ニーズの多様化と、需要の高まりにより、さらに制度改革の影響も相まって保育士としての働き方にも今後幅が出てくることが予想される。

　子どもの育ちに関わるという広いくくりでの選択肢となっていくことを踏まえて、保育士自身も働き方を選択できる時代になってくる。そのためには、一人ひとりの情報収集力と、判断能力、また、自己研さんが必要となってくる。そして何よりも、働いている園に依存することなく、「保育士の私」としての力量と判断が求められる時代でもあるだろう。

③研修

　研修については、園によって予算も考え方も様々である。保育士を一労働力として捉えている園もあれば、一人ひとりを人材として位置付けて、新卒者であろうと中途採用であろうと、またパート職員や非常勤であっても、育てるという観点でキャリア形成を図っている園もある。

　保育士が日々、どのような専門性で子どもとかかわり、さらに保護者への支援を意識していくかということは、日常の生活の実感だけでは自己満足に陥りやすいのである。

　本園では、園外での研修も多く設定している。アウトプットするためのインプットを欠かさないということと、他園の保育者や保育環境との出会いにより、価値観や認識が大きく変わることがあるからだ。時間的にも予算的にもそれなりに負担はあるものの、労働者としてではなく、人材として育成する園長の意志の表れである。

　研修によっては、次のような企画書を出す。研修参加者への意識づけと学んでほしいことの明確化、また、どうしてその保育者がその研修に参加するのかということへの理解へも繋がるということが目的である。報告会の際に、この企画書を他の保育者に提示することもある。研修報告書の役割も果たすようにしている。

研修企画書	
研修名	実感から実現へ ～A保育園の風～
期　間	平成25年6月24日～29日
保育者名	
目　的	● 写真や動画では感じられない雰囲気や実感を通して、学びを定着させる ● 他園の保育者との出会いや、自園の保育者との交わりの中で、現状の課題と、今後の保育の可能性を見出す。
期　待	● 手探りで進めてきたことへの自信 ● 帰園後の相互作用と、人材育成への関与（保育者や保護者へのアドバイス） ● 専門家としての、確信を持つ
園長から	5年間かけて、本人なりの保育観をつかみ、実践してきた場面を多く見た。様々な投げかけに対して、きちんと理論と思いをもって、取り組んでいることも見える。これから先、保育園を創りこんでいくキーパーソンであるとも感じている。まだまだ、自信を得られていない部分も多くあるが、自分で考え、他の保育者や保護者と連携しながら築いてきた信頼関係を、人材育成に展開できる人材だと考える。 自分のイメージだけではなく、実際に肌で感じたことを以て、専門家としての道を切り開くきっかけにして欲しい。5年生の息子を預けての企画ではあったが、今後10年先を見据えた選択である。
研修を通して	本人記述

　この研修については、1週間他の園（継続して同じ園である事、複数の保育者での研修である事も重要）の保育を観察し、保育者の関わりや、子どものあそびの連続性を余裕をもって見ることができるように設定している。

　実習や座学の研修とは違い、自らを省察し、日常のささいな関わりや視点を構築する上で、大変有効である。期間についても"きのう""あした"があるからこそ、発展性を学べるのだ。

この期間に、園長である筆者も1泊～2泊で来園し、ふり返りや考察を行う。
　感覚を納得に繋げることを丁寧に行うことで課題を自らもてるようになってきた。
　また、専門性や課題を意識化するために、以下のような園内研修を行っている。

社会福祉法人　つくし会　保育者育成プログラム

　保育制度改革が進む中、保育者である私たちはどのようなキャリアを描く必要があるのでしょうか。
　ただひたすらに生活のための仕事である保育者。
　目的を明確に持ち、自分のキャリアをデザインしながら、専門性に磨きをかける保育者。
　両者には、数年後大きな差が開いていることは疑う余地もありません。
　ものごとは、描くだけでは達成することはできません。では、どのように自分を磨いていけばいいのでしょうか。
　社会福祉法人　つくし会　では、統一された人材の育成ではなく、一人ひとりの個性と状況を、きちんと認識したうえで≪人財≫となる**保育者育成**に力を入れていきます。
　時間を浪費するのではなく、短時間であっても、きちんと充実し・実感を得られるプログラムであるために。一人ひとりの**意識**が、法人の力になっていきます。一保育者としてではなく、法人を創る人財として。2014年度はこのような形で進めます。

2　変わる教育・保育の場

法人研修　法人職員全員対象　夜間開催		
日程	テーマ	内容
5月	法人研修	社会福祉法人つくし会　これからの道すじ
9月	法人研修	
11月	施設外研修	宿泊研修
1月	法人研修	研究大会への参画
3月	法人研修	26年の振り返りと27年への見通し
リーダー研修　各クラス責任者及び主任　夜間開催		
日程	テーマ	内容
6月	保育内容	保育過程の見直し・考察
7月	造形	研修発表・討論
8月	研究発表	蓮華の会での研究発表への考察
10月	環境	園内の環境を考える　ワークショップ
12月	研修報告	報告及び考察
1月	保育内容	研究大会に向けて
2月	自己評価	自己評価と園の評価を通して
3月	法人研修	26年の振り返りと27年への見通しに向けて
園内研修　園内全員対象　2日に分けて昼開催		
日程	テーマ	内容
6月	基礎研修	発達障害と子どもの姿　園内を見渡しての考察
6月	基礎研修	本園の保育課程から、保育者としての意識を磨く
6月	基礎研修	社会人として　～保護者の視点から
7月	環境	「環境による保育」他園の環境から学ぶ
7月	食育	暮らすということ・食べるということ～給食室からの提案
8月	研修報告	出向報告
9月	学童保育	中長期視点で考える《子育ち》～学童保育の現場から
11月	研修報告	
12月	キャリア	自分の人生とキャリアを意識する
1月	研修報告	出向報告
2月	環境	子どもの学びと環境
3月	保育内容	保育過程の学びと自己評価

アカデミー研修　3年未満及び園長指名者　昼開催		
日程	テーマ	内容
6月	基礎研修	社会人の立場で
6月	基礎研修	子どもを理解することとで、保育を学ぶ
7月	キャリア	振り返りと理解
9月	研修報告	自分の振り返りを考察し、発信する
10月	キャリア	振り返りと理解
11月	基礎研修	五感を磨くということ
12月	キャリア	振り返りと理解
1月	基礎研修	自己評価
2月	基礎研修	社会福祉という観点を学ぶ
3月	キャリア	振り返りと理解

平成26年度の研修体系としては、主に以下のことを意識した。
　Ⅰ．対象を明確に分けた
　　【アカデミー】経験年数3年未満及び
　　　　　　　　基本的な学びを得てほしい保育者（保育園に関わる人すべて）
　　【リーダー】　主任保育士
　　　　　　　　各クラスリーダー保育者及び以上児担任
　Ⅱ．園内の資源を生かした研修設定
　　【特別支援・出向報告・学童保育・給食室】
　Ⅲ．伝えることで学ぶこと、学び合うことで活かせるという設定

現段階での効果としては
　Ⅰ．対象ごとの学びと目的を明確化できた
　Ⅱ．園内の資源や機能を意識して活かせるようになった
　Ⅲ．伝えるために、さらに勉強する機会となった

Ⅳ. 実践に自信が出てきた
Ⅴ. 課題を認識できるようになった
Ⅵ. 風通しが良くなった
Ⅶ. 語り合うことが増えた　　等々があげられる。

　平成26年度の研修体系のなかで、ベテランの保育者を意図的にアカデミーに指名したことは、本人にとっては心外だったとの反応もあった。しかし、ブランクに加え、園外の研修や勉強会に参加できない環境にあったため、保育が託児に陥りやすかった。本人の可能性を考えて、あえて学び直す機会としたことを伝えてみると、見事に回を重ねるごとに、視点が備わっていることを実感する。

　また、園内での、人材の柱を立てることを意識し、研修担当職員に出向経験者を選任し、セッティングや講師とのやり取りなどに加えて、研修によっては講師を務めたり、フォローにまわってもらったりしている。外部に委託する形の研修ではなく、日々の中で学べる、学び合う意識を確立していることも付け加えておく。

　平成25年度までは、園外の研修への参加機会や報告、また園内での単発の研修は行っていたが、園内の人財を生かした研修や、実際に語り合うことを研修として位置づけていなかったため、実践の充実に繋がりにくかった。また、個人のスキルによるところが大きく、共通認識を持つことが難しかった。

　つまり、数名で同じ研修を受けても、本人の価値観のみでの解釈が多く、実際に自園ではどのようなことが課題であり、今回研修で学んだこととどのようにリンクさせて、具現化していくか、具現化してみてどのような成果が生まれたか、ということを考察したり、話し合って解決につなげたり、ということを行えていなかったのである。

第4章　保育所

　今後、研修への配慮が制度の中で行われるということは、極めて重要であると同時に、現場には研修を効果的に設定することが求められてくる。

　現場の職員からよく耳にすることの一つに、研修はその場での学びや気づきであって、実践につなげるには、園長や主任の価値観や決断、そして、同僚である保育者の理解と協力、また保護者のニーズとのマッチングがハードルになるという。つまり、どれだけいいことを見聞きして、共感したとしても、いくつものハードルがあり、実践に繋がらない現実がある。幸いにして、園長に理解があり、共に研修を受ける環境と姿勢があったとしても、語らいと推進力があってこそ、研修が活きてくるというものだ。学びは実践の中で学びなおされ、実際に子どもたちとの日常に活かされるには、相当のエネルギーが必要である。保育現場の研修は、専門性をはき違えて、手遊びやダンスといった振付の講座や、子どもにウケる工作、リスクマネジメントなどといった、即効性のあるテーマであることが多く、少子化や子育て支援の動向といった、最低限の教養ともいえる内容は意識の高い管理職のみが理解しているということも多い。実際、手遊びや歌遊びも、保育の中では重要なスキルではあるが、そもそも子どもの権利条約も知らずして、また社会人としての教養もなくして、子どもに一方的にあそびを提供することが保育者の役割ではない。基礎的な教養や社会通念をしっかりともって、教育的視点を確立していくためには、どうしていけばいいのだろう。

　筆者の立場でできることの最善策としては、今まで以上に研修の内容を充実させることであると考える。

　園外研修に於いては、回数や講師のネームバリューでの選択ではなく、受ける本人の現状把握と今後の効果を考えたうえで判断すること。そして、研修前のアプローチと、研修後の振り返りを丁寧に行うこと。報告

会での補足や助言で、他の職員への理解や協力、共通認識に繋がる工夫をすること。つまり、研修を情報収集の場としての設定ではなく、本人が課題と可能性を認識し、実践に反映することができるために、園長自身もしっかりとそのことを学ぶことが必要であると考えている。

　園内研修に関しては、限られた時間の中ではあるが、互いに学び合うシステムを構築することと、園の文化を形成するための基礎づくりを行いたい。保育園は、勤務時間中はずっと子どもたちが園で生活しているということもあり、全員での研修や会議は難しいが、2回に分けて研修を行ったり年に数回はともに学びあえるように、年度当初から計画を立てておいたりといった工夫を図ってきた。外部講師からの学びを自分のこととして捉え、仲間とともに語らうことでモチベーションのアップに繋がり、現場に反映させていくためには、語り合う時間は絶対に省略できない。保育は、どんなに頑張っても一人ではできない。同じ方向性の中で、保育者同士が信頼し合い、競い合う形ではなく、提案・協力し合うことが充実に繋がる。

　もちろん、体系化した研修だけが研修ではなく、日々の保育をいかに可視化し、語り合い、学んでいくか。子どもたち、そして園長や主任、保護者とのやり取りの中で学び実践していること、書類やお便りなどの記録によって、専門性が磨かれていくことも忘れてはいけない。

　それらのことを意識して、園内・園外での研修をうまくコーディネートしながら、日々の保育と、マッチングさせて自園の文化を創っていくことのすべてが研修と言えるのである。

　筆者は現在、平成26年度の1年を通して、学びがどのように定着し、園の文化となるのか。非常に楽しみであり、責任を感じている。

④処遇

処遇についての執筆となると、感情的になってしまうことをお許しいただきたい。

　保育士の仕事が、法定資格になって久しいが、処遇としてどうなのかということを公に議論され、改善に至っていないことは、現場に居て非常に悔しく、そして情けなく感じている。平成25年度に処遇改善ということで、特別に手当が支給されたことは大きく報道されたこともあり、社会的に認識されているのであろうが、現場では様々な課題があったことは、そう知られていない。

　法人の判断によるので、伝えられることは限られているが、報道にあったように月額1万円アップといった簡単な改善ではなかった。民間給与改善費との兼ね合いもあり、園ごとに支給額が大きく異なり、月額5千円未満の支給にとどまった園も多くある。また、報道があまりにも先行し、現場の期待だけがふくらみ、園での説明が後まわしになったことや、実質的な手取り収入に差が出たため、不満の声もあった。また、就職説明会で学生から、今後もこの処遇改善費は続くのかといった現実的な質問を受けた担当者もいた。これほどに現場の期待が大きいということは、それだけ現在の処遇が悪いということの表れでもあり、政治家や行政には重く受け止めてほしいところである。

　養成校の中には、リーダーコースを設定し、将来の幹部候補としての養成を行っているところもある。学生の意識ももちろんだが、その背景に、保育士として生計を立てていくことの難しさが潜んでいると、筆者は考えている。現在の日本では女性の社会進出を重要課題としながらも、制度上でも、認識面でも、前進しているとは言い難い。事実、女性が出産や育児を経験しながら、男性と同じだけのペースで仕事をするということは、身体的にも精神的にも、相当タフでなければならず、そのことで体のバランスが崩れ、婦人科に通うケースも少なくない。また、自分

のおかれている環境、例えば職場の理解や家庭の状況、地域資源にも大きく左右される。

　社会情勢のことはさておき、保育士の処遇の悪さは、潜在保育士が相当数いるということと、特に男性保育士の場合は特に、結婚することのハードルになっているということ、また企業や介護、看護に人材が流れていることから、十分に証明できる。本園に高校生の時に実習にきた男子学生の中には、保護者からの反対に遭い、看護に選択し直したということもあった。学生の証言によると、保護者の心配としては、夜勤が無いため収入の上がる見込みがないことや、管理職になれるかどうかわからないということ、また管理職になることよりも、子どもの育ちに関わりたいという願いがあっての選択であるにも関わらず、社会では託児程度の認識であるという。その学生が悲しそうに報告に来たことを受け止め、筆者一人の力ではどうにもできないことを実感した。

　では、どれだけの処遇が必要か。また、国の制度と予算上、どれだけのことが可能か、といったことまでは言及しないが、小学校教諭と同等の処遇は当然であると考えている。諸先進国の中でも、日本の幼児教育に欠ける予算が断然低いことは周知のことであろう。もっとも、処遇改善のためには我々の専門性が求められてしかりではあろうが。

　実際社会で働いている人々、特に若年層において、働き方への価値観が大きく変化していることをしっかりと認識し、給与はもちろんのこと、社会的地位や研修制度、キャリアアップといった様々な形での処遇を視野に入れた改善を新しい制度には期待している。

⑤求められるもの

　では今後、保育士には具体的にどのようなことが求められていくのかを、筆者なりに整理してみる。

1つ目は、子どもの育ちへの専門性である。それは、四角四面に、発達段階へ照らし合わせた乱暴な発達理解ではなく、一人ひとりの【いま】を捉えての関わりと保護者への助言であるともいえる。保育指針でも、「おおむね」という言葉が使われているように、発達には個人差がある。6週から受け入れを行っている園もあるため、入園後に障害や病気が見つかることも少なくない。そして、子どもは「一人ひとり」であるのだ。だからこそ、〇歳という感覚ではなく「〇〇ちゃん」という存在としての発達を捉えることは当然のことである。

　昔から、「這えば立て、立てば歩けの親心」とは、よく言ったもので、身体的な発達は、親や祖父母、兄弟からみても非常に分かりやすい。そのためか、できるようになることの早さを話題にする傾向がある。「立つ」という発達を見たときに、子どもの言葉にならない達成感や充実感が、そこにあることを、大人は忘れてしまいがちなのだ。立てたこと、その瞬間に立ちあうことができてうれしい。ということは、家庭内では大いに結構であるが、保育士の専門性を考えると、立てるようになったこの子が、どのようなことを感じているか。立ってみて、違う何かを見つけて、次はどのような行動をとるか。周りに居た子たちは何を感じているか。といった視点も持っていてほしい。無理に専門的知識を備えるということとは違い、人間的な感情と、愛着を土台としたうえで、より子どもの心境に近づくということなのだ。もちろん、身体的な発達を断片的に捉えるのではなく、さまざまな視点と角度で、子どもたちの「いま」を言葉にするためには、専門的知識は大前提であることも付け加えておく。

　2つ目は、言葉にならないことを、子どもたちの姿から読み取り、言語化する力も必要である。例えば、4か月の子を抱きあげてあやす、では、託児同然である。教育的視点を持った保育は、抱きあげて、たとえ

ば木の葉であったり、壁の絵であったりを見つけたとしよう。そこで「あら、木の葉が風に揺れているね。どんな匂いがするかな。」と匂ってみる。「どんな絵が書いてあるのかな。点々がたくさん描いてあるね」と子どもが見ている、興味があるであろうことについて語りかけてみる。もちろん、子ども自身が言葉にできないので、あくまでも憶測であることも認識したうえで、一方的にならないよう、ゆとりと観察も必要である。

ただ、4か月の子どもは抱きあげられて視界が変わっただけで、新たなものに出会っているということを日常の中で想像できることは、そう容易ではない。日常で実践していても、教育的な価値を、意識していることはきわめてまれである。また、そのことを、意識するあまり、保育士に過重なプレッシャーをかけ、わざとらしい振るまいになってしまう恐れもある。

他の章でも述べたが、保育士の資質だけに依存することなく、人材育成の観点で、園長や主任が意識的に育むことが必要であることに説明は不要だろう。今回の制度転換に於いて、保育の教育的価値を認められるならば、子どもとの日常が楽しかった、面白かった、かわいかったという保育士自身の勝手な主観ではなく、子どもの日常の学びを、どんな言葉で伝えていくか、ということは、極めて重要な課題となるだろう。

他にも、いろいろと想定できるが、園の方針や地域性もあるので、本園が保護者への報告会やパネル展示で使用している図を以下に記すことでお許しいただきたい。

保育者に求められる力	
保育士のイメージ	つくし会の保育者
クレーム対応	共感力・情報発信能力、察知力
子どもの指導・しつけ	対話する力
ピアノ・手遊び・絵画スキル	創造性
安全管理	危険予測能力
協調性	協働性
保育者…資格に関わらず、保育に関わる大人を指す言葉	

5 社会的なこと

①情報発信

　情報化社会と言われるようになって久しいが、情報にあふれていること自体が悪いわけではない。表面的な情報を真に受け、反射的に行動してしまうことに問題があるのだ。そして、溢れる情報をいかに選択し、どのように理解し、自分で活かすか。ということが重要なのである。

　では、どのように社会に対して情報を発信していくことが、今後必要になるのかを整理してみる。保護者への理解は当然のことであるが、社会ともなると、なかなかイメージしにくいだろう。ここでいう社会は、子育て中でもない、保育士でもない、いわば、子育てには無関心でも問題のない生活を送る人々と定義する。彼、彼女たちにとって、子育ては他人事であり、下手すれば保育園なんて迷惑施設ともなりかねない。そんな社会に対して、保育園という場所がどのような施設なのかということを、さまざまな形でアプローチすることが、ここでいう情報発信なのだ。

2　変わる教育・保育の場

　本園の事例で申し訳ないが、情報発信のツールの一つとして、民間との協働を積極的に行っている。昨年度は、文化財にも認定されている庭園で行われた祭りに、学童保育の子どもたちとおでん屋さんを出店した。また、市内の私立大学を会場とした社会福祉協議会主催のボランティアフェスティバルに、保育者と保護者、子どもたちとともに、地元の名産をつくって、販売した。どちらも、子ども向けでも、他の園が参加していることではない。直接的に何か情報を発信しているというよりも、協働することで興味を持ってもらい、あわよくばパネルやチラシで、内情を知ってもらおうという目論見である。実践する中で、そこまで戦略的に考えているのは筆者くらいであり、実働している仲間たちは「楽しい」「やってみたい」という、シンプルな感覚でいる。保育という日常と、発信していくことを分断せず、保育者一人ひとりが自覚的でいられるような環境作りともいえる。

　他にも、当たり前のようにHPやSNS、園だより等の情報発信は行っているが、一方通行の情報発信になりやすいため、対人的なかかわりをベースにしている。次項の地域との連携と横断的に考えることが自然であるが、園を開くこと、また、園の資源を惜しみなく提供することが、地域資源となり、情報の発信にも繋がると考える。

②地域との連携

　地域との連携は今後の制度においてだけではなく、社会的に必要なことである。

　地域にある教育資源として、まず挙げられるのは小中学校であることは言うまでもないが、公立の小中学校は、教師の移動があることで、地域の中に根ざすということには限界がある。どんなに地域に密着し、子どもからも保護者からも信頼されていた教師であっても、長くて8年ほ

どで赴任先が変わる。管理職においては、２～３年がほとんどであり、顔を知ったころに入れ替わってしまう。

　それに比すれば、保育園は、子どもが卒園して成人するまで、半数近くの保育者が勤めていることも多々ある。２世代にわたって子どもが通う家庭もあり、その家族の歴史をともに歩むという感覚もある。だからこそ、わざわざ地域との連携と言わなくても、地域の中にあることの存在意義を意識さえすれば、それぞれの地域での展開が見えてくると考える。

　例えば、地域の小学校の保護者が行っている読み聞かせボランティアに、ひと枠入れてもらう。これは非常に効果的である。なかなか立ち入れない小学校に飛び込むことができる。子どもを持たない保育士の場合、卒園後に子どもたちがどのような環境で学んでいくのかということをイメージしにくいため、ボランティアを通して、今の保育との関連性や発達の見通しを持つことに繋がる。

　また、小学校の先生との信頼関係も築くことができ、廊下でのすれ違いざまに困り事や相談を聞くこともある。何より、卒園生が嬉しそうに話しかけてきたり、大好きだった絵本を思い出したという感想をもらったりするは、保育士として何よりうれしいことでもある。以前、不登校気味であった子に読み聞かせボランティアで久しぶりに会った。その後さまざまな形で気にかけていたら、一人で園に相談に来たこともあった。

　また、さまざまなイベントで託児ボランティアを引き受けることもある。子育て支援が一般化し、講演会やイベントでの託児は当たり前になった。初めて出会う子どもたちであるため、日常の保育のように、充実した時間を過ごすことは難しいが、専門職として貢献できることに意味がある。

　読み聞かせにしても託児にしても、保育士としての専門性の発信とし

て大きな効果があることは事実で、このほかにもアイディア次第でいくらでも地域に感謝される形を創ることが可能だ。要は、自分たちの仕事が、社会的にどのような価値があり、何を以て貢献していくかで、地域に根差していくことができるのだ。

③未来への提案

　保育園には、毎日こどもたちが保護者とともに通ってくる。子どもたちの家庭での生活も、意識次第ではかなり知ることができるため、専門機関や行政、小学校よりも情報を持っていることもあり、連携によって様々な事案を解決してきた。虐待やDV、発達障害などのリスクと向き合うこともももちろんある。

　筆者は、毎日の保育を通して社会調査をしていると感じることも多く、どのような社会的支援や施策が必要であるか、現代の、また地域における子どもの発達環境はどうなのか、家族支援とはどういうことなのか、次世代が直面すると思われる課題は何なのか、といったことを、日常の具体的な事例から、一般化していくことの必要性を強く感じている。

　元来、福祉事業は必要性の中から生まれたことがほとんどであり、市民運動によって制度化されてきた。課題に対してどのような手当てを行っていくかという視点が中心であることを踏まえると、専門的な視点での見解を社会に提案していくことは、保育園の使命でもあると考える。

　新制度によって、子どもたちの育つ環境や子育て支援が充実するのだから、どんな機能が必要で、何に視点をおいてほしいかといったことを、具体的な事例を用いながら、各市町村で十分に議論して、実現してほしいと願っている。その議論のなかで、保育園運営者が教育的価値や福祉的価値をしっかりと発信できれば、子どもたちの育つ環境も充実してくると考えられる。

6 現段階での自園での実践例

①保育内容の変換

　制度改革の以前から、本園では一斉的で、保育士主導の保育から、子どもたちの主体性を尊重する保育に切り替えてきた。大人主導で保育をしていたころは、子どもたちに対しても、保育者同士も、管理に陥りやすく、大人の提供することをうまくやる子どもがすごい、という評価を受けがちであった。わかりやすい優劣の下、何かと比較することが価値判断になっていた。集団の中の個ではなく、個によって時に集団ができるという捉え方が浸透するにつれ、子どもたちの本質に迫ることができるようになり、保育士同士の学び合いも変わってきた。お散歩にしても、行く場所の選定から並び方まで大人が決めてしまうスタイルから、子どもたちが何か目的をもって（例えば、ポストはいろいろな形があることを知った子が、もっと探してみたいという提案によって、お散歩の機会が生まれる）活動を提案する。そこに興味を持った子が賛同して一緒に散歩に出かける。他には、今日は編み物をしたいという子どももいて、園内の保育士で確認したうえで、一人ひとりの選択を尊重する、といったように、子どもが自己決定できる環境であることを実現している。もちろん、なかなか自分で決定できない子や、同じことにこだわってしまう子へは新しい世界を広げられるような働きかけも行っている。

　環境の充実と子どもたちの主体性に主眼を置くことで、保育者自身も考え、自分たちの保育を説明できるようになった。保育雑誌を読みあさり、毎日メニューを変えて保育を行っていたころは、子どもたちも受け身で「今日は何するの？」という言葉をよく聞いた。いまでは「今日はあれしたい。」「もっとこうしたい。」という、子どもたち発信の言葉が

増え、自分で遊びが展開できない段階の子どもも、周辺参加から、次第に遊びへと入りこんでいく姿が見られる。

　制度改革によって、教育的価値をどのように捉え、実践していくかということが問われている。大人のわかりやすい形での「詰め込み」「まねごと」ではなく、子どもの発達段階を踏まえた「連続的な学び」を保障し、好奇心や探究心を育てることこそ、教育であるということを、社会全体に理解してほしい。

②子どもと大人の園での変化

　保育方針の転換により、子どもも大人も変わった。生活の中にある、無数の学びこそ、子どもにとっても大人にとっても重要で、みんなで同じようにダンスを踊るということや、あいうえおから順に文字をかけるようになること、また時間内に同じ工程で工作をすることをやめた途端に、一人ひとりの姿がよく見えるようになった。昆虫に夢中な子は、昆虫の世界を大事にしながら、造形にも表現にも展開されるし、踊ることが好きな子は、衣装をつくってみたり、観客を動員してみたりする。小学校でいう生活科や総合的な学習が、日常的に行われているのだ。そして、子どもたちの主体性からの発展や深まりを、大人は対話や提案で促していく。両者によって保育が展開されていくのだ。

　園の実践としては、まだまだ充実していくべきことも多いが、お迎えの保護者の、園での滞在時間が延びたこと、保育のつづきが家にも持ち帰られ、また発展した形で次の日に持参されていること、保育者同士の会話の内容が変わってきたことから、やはり園内での様々な学びが家庭にも浸透していることを実感する。

③保育者の姿

　前項でも多少触れたが、保育者も大きく変わった。たくさんのことを子どもに教えこむことが力量とされていたころの悩みとは違い、子どもたちの姿からどれだけのことを引き出し、ともに学び合うかということは予想以上に難しく、今までのスタイルを変えていくことに戸惑いが多くみられた。話し合い（というよりもぶつかり合い）を重ね、少しずつ方向性が見えてきた頃に、また壁にぶち当たるということを繰り返してきた。いまでは、子どもの姿をいかに捉えるかということに至ってきたものの、保育者の視点や働きかけを、言語化する、表現するということに関しては、まだまだ課題がある。

　しかしながら、子どもと共に生活をしているという事の中に、様々な教育的視点をもてることで、意識が変わっていることは事実である。

④園の運営の変化　協働の文化に向けて

①放課後児童クラブ

　本園は、放課後児童クラブを近くの一軒家を丸ごと利用して、運営している。

　平成10年あたりから、卒園児の保護者からの要望で、自主事業として行ってきた。職員の休憩スペースでの開設が10年余り続いたが、夏休みになると利用児童数が激増するため、事務室前の廊下に長机が並んだ時代もあった。

　しかしながら、放課後児童クラブの需要の増加に加えて、保育園の園児も増加したことで、保育園での開設が厳しくなってきたこと、また、学童期における遊びと学びの連続性や独自性を考えて、自主事業から、委託事業に切り替えて、思い切って移設したという経緯がある。

　今後、制度が変わることで、学童期まで見通した保育の必要性も大

きくなってくる。いままで保育園に通って来ていた子どもたちは、卒園と同時に、夕方までの時間をどう過ごすかという課題に直面する。かつては家に祖父母がいたり、高学年の兄弟がいたりという家族も多かった。しかし、現代では祖父母が同居でいることは珍しく、兄弟は習い事やスポーツ少年団で不在といったことも多いため、健全で安全、そして遊びの提供といったことが、地域に求められている。その担い手として、長年子どもの育ちを専門的に支えてきた保育園が、力を発揮していくことは、ある意味必然ともとれる。もちろん、乳幼児期と学童期の発達も遊びも思考も、生活力も大きく違うが、そこを学びながら実践しつつ、中長期的に子どもの育ちを捉える機会となることは言うまでもない。筆者の経験上、10歳までの発達、成長の見通しがあって0歳児の保育を行う場合と、そうでない場合には、日常の関わりに大きな差が出ると感じている。場当たり的な関わりではなく、論理的で中長期的、客観的視点を持った関わりによってこそ、保育の教育的価値が発揮されやすくもなる。

　子どもの安心安全といった福祉的側面と、あそびや生活力の充実といった教育的側面を理解して、多くの園で質の高い放課後児童クラブが展開されていくことを期待したい。

②赤ちゃん訪問事業
　平成25年度からは、学童保育の担当職員と園の看護師、そして民生委員の3人でチームをつくり、赤ちゃん訪問事業を行ってきた。本園に通ってくるための営業的なものではなく、資源を生かして、都城圏内で生後6カ月までの赤ちゃんを訪問するのだ。つまり、保育園の資源を惜しみなく地域で生かすのである。行政が行っているカタチとは違い、助成金を使って赤ちゃんや兄弟児向けの絵本と、お母さんへ

のちょっとしたプレゼント、そして一時預かり事業や子育てサークルの案内をついでに持っていく。押しつけがましさもなく、地域からの心遣い程度であることが評判であり、口コミで広まっている。また、直接知り合いになっていることが影響しているのか、次項の子育てサークルへの参加にもつながることが多い。

③子育てサークル

　数年前から自主事業で、放課後児童クラブの一軒家を活用して、月に2回地域で子育てしている親子に対してのサークルを行っている。内容としては、季節に合わせた遊びや、地域の講師の協力で陶芸やアメリカンフラワー、アロマクラフトなどを企画している。庭もあり、古い一軒家であるということ、保育士や看護師、地域のボランティアが多くいることもあり、知り合いがいなくても安心して参加できると、喜ばれている。地域のちょっとした情報や、生活の知恵、おいしいごはん屋さんなど、小さな幸福につながることが転がっていることも人気の秘訣のようだ。そんなやわらかい時間の中で、本当の困り事に出会うこともあり、人間関係と安らぎの中から、真情を知ることを大切にしている。

④相談事業

　制度上の相談支援事業は、平成27年度以降に開設の予定であるが、こちらの相談事業は、あくまでも保育園内での家族支援・個別支援の相談を記す。

　医療や介護の世界では、専門性に応じて分業されている中、保育園では家族支援も専門機関との連携も、地域との関わりも、園長・主任以下、保育士で丸抱えという制度設計になっている。虐待問題・発達

2 変わる教育・保育の場

障害・家族の問題等々、課題が山積みであるにもかかわらず、加配もないままに対応を迫られ、現場が疲弊している。

そこで筆者の園では、平成26年度より、相談支援を行える専任保育士を配置している。主に、虐待が疑われたり、個別支援を要したり、保護者にリスクがある際に、担任や行政、主任保育士や専門機関（児童相談所やサポートセンター・病院・警察等）から情報を収集し、ケース会議の設定や個別支援の在り方を提案・検討することが中心だ。もちろん、園長である筆者との会議も重要であり、さまざまなケースを解決できるように努めている。

実際、相談支援の担当を配置したことで、現場の保育士の業務やストレスの軽減はもちろんのこと、保護者支援に大きな成果が表れている。現在、保育士が、一人ですべてをこなさないといけないような制度設計になっており、日常の保育をしながら、多様なことを学び・判断し、さらに対応しなければならず、子どもと関わることを一番大事にしたくても、業務に追われてしまいやすい。専門機関との連携ひとつとっても、保育室を離れて主任に伝える、もしくは内線で保育室に電話が来る、もしくはお昼寝中に、ということだが、すべての情報を理解・整理し、親にどう伝えるか、今後の見通しをどう立てるか、園内でどのように共有するか、はたしてそれでうまくいくのか、ということを踏まえてコーディネートするとなると、もはやそのケースはなかったことにしたほうがいい、ということにも陥りかねない。社会の変化に応じて、それぞれの保育園が独自に工夫してきたこともたくさんあるが、発見にとどまらず、支援を丁寧に行っていくためには、ケースワーカーのような機能を保育園に持たすことを提案したい。

さらに、筆者が近くの中学校の学校運営協議会に任命されていることもあり、新たな連携のカタチを提案することもできた。園内や学校

内で解決することももちろんあるが、地域のネットワークを構築してこそ、多角的、多面的に子どもの育ちを支えることが可能となるだろう。

⑤一時保育の設定

　平成25年度より、保育園の事業として一時預かりを加えた。毎日来る子供たちと違い、園に来ることへの不安も大きく、さまざまな配慮が要ることもあるが、学ぶことも多い。家庭での子育ての不安や、遠方からの引っ越しへの対応、また、緊急性のある子どもの受け入れ等を経験して、地域にニーズであることを痛感しつつ、保育園の役割を考えさせられる。中には、離乳食が進まないから、保育園での給食を親子で経験することで、母子にとっての刺激にもなればとの利用もあり、非常に効果があった。しかし、配置基準や職員確保、利用の制限と不安定さといった点においての課題も多い。

　いざというときのための保険であり、子育ての楽しさを確認するための時間の確保でもあり、保育の専門性から学ぶ機会にもなる一時預かり事業も、ぜひ各園に取り組んでもらいたい。そのために、新しい制度では取り組みやすい制度設計をお願いしたい。

7 今後の課題と進むべき将来性

①教育を福祉的視点で保障する園運営

　福祉と教育は分けて考えられることが多いが、筆者は教育を行うこと自体が福祉的役割だと考えている。教育を受けることは、将来性を保障することで非常に重要なことであるし、安心・安全で居心地がいいだけでは、子どもたちの可能性を阻むことになる。安心・安全な生活を保障

しながら、教育的意図をもって関わる。ここでいう教育は、【教科】【単元】といったことではなく、生活の中にある充実した学びの保障である。

　子どもが何からどのように学んでいるのか。そのことをつぶさに追いかけ、大人の視点も絶妙に入れていく。子どもはこれが好きだからといった一方的で自己満足なことではなく、日常にある様々なことへの興味がどのように学びにつながっていくのか。そこにどう関わって、発展や深まりを共有していくか。ということこそ、教育の真髄であると考えている。

　さまざまな家庭環境で育つ子どもたちが、将来どのような価値観で生きていけるかは、乳幼児期の育ちの影響が大きいことは、さまざまな研究で明らかになっている。子どもたちを評価の中で一律に育てる時代から、その子の何をどのように育んでいくか。という時代に変わった。何をもって、どのように生きていくかを自分で選んで生きていく時代に必要な力を、我々はもっともっと認識し、学んでいく必要がある。

　子どもたちの学ぶ意欲を保障するためには、最低限の安心・安全が保障されなければならない。筆者は、困っている人のための福祉から、教育を実現するための視点としての福祉としてとらえ直しながら、園の運営に反映していくつもりである。

②社会の子どもを取り巻く環境・意識へのアプローチ

　忘れてはいけないことの一つに、私たち保育者は、いつでも子どもたちのそばに居るということがある。

　子どもの貧困問題が社会化する中で、【子どもの最善の利益】という視点を持てばこそ、子どもを取り巻く環境に対してのアプローチが、保育者から生まれてくることは必然ではないだろうか。私たちが、毎日通ってくる子どもたちから何を読み取り、社会にどのように反映させ、提案

していくか。ということで、子どもたちの育つ環境に少しずつの変化が生まれてくる。

③新制度への期待

　新制度に対して、批判的な意見も多くあるが、ここではあえて期待を込めて記す。

　少子高齢化が進み、消滅市町村が示され、日本全体が困惑している。何十年も前から懸念されてきたことが刻一刻と迫っている。

　これまでも、少子化に対してのさまざまな提言や施策があったが、根本的な解決には至っていない。事実、子どもたちの環境はよくなるばかりか、次々に課題が表出していることも、共通理解であるだろう。では、その原因は何なのか。

【施策・提言が根本解決に至らない原因】
① 　その時々の課題にのみ対応している
② 　保育現場において、人材が育ちきらないままに、労働者となってしまうシステムになっている
③ 　社会保障全体において、子どもという視点が乏しい
④ 　社会的に、親の責任としての子育てが強調されすぎている
⑤ 　実際に子育てに費用がかかりすぎる社会構造になっている

　他にも挙げればきりがないが、今回、社会保障制度としての位置づけが明確となり、教育的な価値を打ち出されたことは大きな進歩だと感じている。現場で実践する筆者たちも、行政の方々も、制度をつくる政治家たちも、教育の意味を履き違えることさえなければ、今回の制度改革が日本の未来に与える影響は期待できるのかもしれない。

加えて、日本社会の意識が、学歴から一人ひとりの生き方にシフトしていくことも必要であろう。

　今回の制度改革が、未来に向けた希望であることを願いつつ、現場での実践をより豊かにし、発信し、保護者とも、地域とも、行政とも、そしてなにより子どもたちと協働していく核となることが、園長の責任であり使命であるのかもしれない。

第三部

拡がる保育・子育て支援の場

3 拡がる保育・子育て支援の場

第5章 地域型保育と放課後子ども総合プラン
〜地域型保育（小規模保育・家庭的保育・事業所内保育・在宅訪問型保育）、放課後子ども総合プラン（放課後児童クラブ及び放課後子供教室）〜

1 地域型保育への期待

「待機児童対策」から「こどもの発達の保障」へ

　都市部では待機児童問題が深刻であり、人口減少の地域では児童数の減少に伴い、保育所の統廃合が進み、近隣に保育所がないという問題がある。また女性の社会進出により、都市部でも地域でも低年齢保育の潜在的ニーズは高い状況である。そこで子ども・子育て新制度による、0歳から2歳までを対象とした、地域型保育事業に期待が寄せられている。筆者も子ども・子育て新制度の行方をにらみ、制度を活用し、よりよくしていくために、自らが担い手となっている。現場から制度に対し提言していくために2012年に一般財団法人こども財団（以下、こども財団）を設立した。地域型保育事業の必要性と可能性に期待し、実践と提言を行っている。

　しかし筆者は、支援者の都合による待機児童対策や低年齢保育等の保育サービス拡充対策としてのみ、地域型保育事業の推進に期待しているのではない。子どもは未来への「希望」である。心も身体も健康で過ごし、個性豊かな人間性がはぐくまれる権利がある。地域型保育が対象としている0歳から2歳までの間は生涯にわたる人間形成にとって極めて重要な時期であり、働いている家庭の子どもはその生活の大半を保育所で過ごすことになる。子育ての目的は子どもを一端の大人にさせること

である。社会に貢献でき、仕事ができる人、家庭生活が営めるべき人に人格形成がされなくてはならない。それが今を生きる大人の責任であり、待機児童対策としてではなく、子どもの発達の保障ができるかどうかが真に問われる。

　地域型保育事業における小規模保育等では、一人ひとりの子どもの声を聴き個性を尊重することができる。それは、養育と教育を組み合わせ、毎日の日課の流れなどの工夫や保育士の姿勢、継続した努力により可能となる。さらに小集団の丁寧な保育を受けながら、協力・連携保育所等における集団での保育体験を積み重ね、大きな集団生活に無理なく移行していくことができる。小規模保育は子どもが「良く生き、望ましい未来をつくり出す力の基礎を培う」と確信する。筆者は子どもの声を聴き、子どもの発達の可能性を保障することを常に考えている。だからこそ地域型保育に期待する。

地域型保育の必要性

　これまで集団保育では、一人ひとりの子どもの個性を受けとめることができないのではないかと諦めてしまう場合もあったと思われる。実施組織の経営者や保育士の意識と姿勢が変わり、地域型保育のような小集団ならば「子どもの個性を受けとめ一人ひとりの発達に応じた保育ができる」「子ども自身が自分の力をギリギリまでためし、発揮しようとする力を見守り伸ばすことができる」と信じ、実践することが肝要である。「できるできない」ではなく「やるかやらないか」である。計画的に丁寧に実践していくのがよい。もちろん、安全な保育環境については十分配慮すべきである。

　家庭では、これが育児、これが教育とは考えないで自然に育児と教育を行っているはずだ。実際の保育も養護と教育が一体となって展開され

る。こども財団では、「随時登園、自由遊び、トイレ、子ども体操、食事、お昼寝‥‥」といった保育所の日課だけでなく、一人ひとりの子どもの日課をつくっている。月齢に応じ、週間計画、月間計画をたて、トイレが自分できる、給食の準備ができる、苦手な食材も自分で食べるなど「自分でできる」ことを増やしていくことを目指す。そのために、5人のこどもを2人の保育者が担当するが、1日に数回は必ず、子どもと保育者が1対1の時間をもつことができるようにしている。そのような工夫と同時に保育者の人格と姿勢が重要であり、子どもと保育者との愛着関係を作っていくことから始める。そして一人ひとりの子どもの毎日の生活をよく知ることで、保護者とともに子どもの発達を助けていくことができる。

例えば、無表情であまり笑わない子どもが、2週間ぐらいで笑顔をみせるようになった。1か月で大きな声で笑うようになった。保護者が、「この子がこんなに大きな声で笑って、こんなにかわいいんだと知りました」と話をされるようになった。子どもが保育所の出来事を保護者に嬉しそうに伝えるようになった。「笑ってる親子」になった。

地域型の特徴は、家庭の事情も鑑みながら、個別的な配慮が行いやすく、年齢や月齢が異なる一人ひとりの子どもの発達状態、体質や気質、その時々の興味・関心・日々の体調や機嫌に応じて、きめ細やかに保育を行うことが出来るからだ。まさにどの子も大切にできる。

0歳から2歳の子どもにとって、家庭に近い環境は馴染みやすく、小さい空間は保育者と子どもの距離が近くなり、子どもに安心感がある。保育者にとっても、小さい空間の中で子どもの姿を把握しやすく、声かけも大声を出す必要がない。落ち着いた雰囲気の中で、子どもの表情や行動により、子どもの声を聴き、穏やかに声掛けし、子どもの様子をしっかり把握しながら保育することができる。そのことにより保育者と子ど

もとのスキンシップが図られ、子どもは保育者を信頼し、愛着関係を築いていく。子どもの主体性や人権を尊重し、心身ともに健やかな育ちを見守ることが出来る。

多様なスタイルの家庭があるために、一人ひとりの子どもの生活リズムを尊重した保育を行うことが出来ることは、利用者支援の観点でも大きな役割を果たす。

利用者目線のサービスの創出と利用者がプレイヤー

これまで、現場での必要性が明らかにされないまま子育て支援策が増加し、子育ての現場との乖離があった。地域型保育の現場から、利用者とともに利用者目線のきめ細かなサービスを創出していくことができる。子ども・子育て新制度では、子ども・子育て会議を設置し、利用者からの政策提言と大上段に構えているが、それはたやすいことではない。むしろ、会議室でそのような効果が生れることは考えにくい。利用者による自発的、積極的な提言は利用者の養育力・家庭の教育力のエンパワメントになる。自発的、積極的な提言ができるような支援を日常的に行うことで、利用者をサービスの受け手だけにするのではなく、サービスの創出、そしてプレイヤーへ、地域や社会において子育ち子育て支援の「恩恵」の循環をつくっていくことができるはずである。利用者と身近で信頼関係にある地域型保育のスタッフが利用者とともに、どのようなサービスを創出していくのか、その工夫と努力により、利用者の養育と教育に関するエンパワメントも促すことができるはずであり、将来にわたる恩恵の循環を創ることができる。

会議を設置することは手段であり、設置することを目的としてはいけない。手段は仮説であり、それが絶対に有効であるとは限らない。目標達成のための有効な手段や内容を常に考え、その内容も考える必要があ

る。利用者自身が求めているサービスを提言できるようにするための支援が必要であり、提言のための会議をつくるだけでは成果は望めないはずだ。本当に有効な政策提言は思い付きではでてこない。利用者の声を聴き、利用者とともにつくっていくことが重要である。筆者は、だからこそ会議室では無理であると思っている。むしろ会議室で行わないほうがよい。地域型保育において、利用者支援として、利用者主体の情報交換や意見交換、交流会の機会をつくることで、利用者が主体的にプレイヤーとして活動ができるようになっていくはずである。言いっぱなしの会議は人の成長を妨げる。どうせどうせと愚痴を言う。正論だけを言う。だけでなく、どのような課題があるのか、だからどのような状態を目指すのか、そのためにはどのような方策があるのか、それらをファシリテートできる人材も育てていきたい。

2 子どもの権利の保障

ここで、子どもの権利について考えてみたい。

特に0歳から2歳までの保育は、これまでの3歳以上の保育とは異なり、子どもの発達の保障において重要な役割を果たす。

「子どもの権利」とは

すべての子どもは、未来と世界へ羽ばたく可能性に満ちたかけがえのない存在である。

子どもの権利の基本は、1989年11月の国連総会で採択された「子どもの権利条約」に定められている。この条約は、世界中の人びとが10年かけて話し合い、地球上のすべての子どもが自分らしく健康に生きることができるようにとの願いを込めてつくられた。この条約は54条か

らなっている。日本は、1994年、世界で158番目に、世界の国々と、子どもの権利に関して条約を結び、誰もが生まれたときから権利の主体であり、あらゆる差別や不利益を受けることなく、自分らしく、豊かに成長・発達していくことを認め、これを大切にすることを約束している。

　子どもの権利は「生きる権利」、「育つ権利」、「守られる権利」、「参加する権利」の四つに大きく分けられる。

＜生きる権利＞

　子どもには、まず「生きる」ことが保障されなければならない。この当然の権利が守られず、世界中でたくさんの子どもが、先進国では簡単に治すことのできる病気で毎日亡くなっている。厚生労働省が2014年7月に公表した国民生活基礎調査によると、日本でも2012年の「子どもの貧困率」（17歳以下）は16.3％であり、日本における子どもを取り巻く環境に変化が現れ、「生きる権利」としての十分な栄養と衛生面の配慮がなされていない子どもも増えてきている。

＜育つ権利＞

　子どもは心や体が日々発達し、成長する途上にあることから、「健やかな成長」に必要な支援を政府・行政や親たち、大人から受ける権利がある。

＜守られる権利＞

　子どもは有害な労働、経済的・性的搾取、暴力、虐待などから「保護される」権利をもっている。

＜参加する権利＞

　子どもは自分たちに関係することが決められるときには「意見を表し」、それが十分に「尊重される」権利ももっている。そして大人は、子どもの意見を聴こうとする責任と子どもが表した意見に対して誠実に応える義務がある。

0歳から2歳までの保育と子どもの権利

　3歳以上はできることもだんだん増えてくる時期であるが、0歳から2歳の子どもは自我が芽生え、遊びの中から自ら創造性を伸ばし、最初は大人が関わることで、だんだんとの協調性を育む時期である。子どもは、子ども自身が持つ権利を正しく学び、感じたこと、考えたことを自由に表明し、自分にかかわることに参加することができるようになっていく。こうした経験を通して、自分が大切にされていることを実感し、自分と同じように、他の人も大切にしなければならないことを学んでいく。そして、お互いの権利を尊重し合うことを身につけ、規範意識を育んでいく。

　大人は、子ども自身の成長・発達する力を認めるとともに、子どもの声を聴く。「子どもの声を聴く」とは子どもの言葉を聞くだけでなく、表情、しぐさから、気持ちを十分に受け止めることである。大人は子どもの最善の利益のために、子どもが直面することについて、ともに考え、支えていく責任がある。子どもの権利を大切にすることは、子どもが自分の人生を自分で選び、自信と誇りを持って生きていくように励ますことである。それによって子どもは、自ら考え、責任を持って行動できる大人へと育っていく。

　0歳から2歳までの保育は、子どもの発達に大きな影響を与える時期の保育である。保育者はこどもの発達を理解し、子どもの発達の可能性を伸ばしていくために、子育て経験だけでなく、プロとしての知識や技能が求められる。

　たとえば、3歳以上の集団保育では当たり前のように集団給食の光景がある。こども財団でも、3歳以上の保育経験が長い保育士は、給食の時間になると、食卓に向かおうとしている子どもを「ひょいと」抱き上

げ、椅子に座らせ、あっという間に時間内にスプーンで子どもに食べさせる。注意を促しても「そんなこといちいちやってられない」と反発する。その行動を自ら振り返ることもしないで、仲間をつくり自分たちを正当化しようとする。女性の集団では、自らを正当化するために丁寧に保育を行っているスタッフへの批判集団と化していく。女性が多い集団のマネジメントはなかなか難しい。でも諦めない。0歳から2歳までの保育こそ、その発達を保障できるような知識や技能、丁寧さが必要である。運営理念と方針を明確に言葉で示す。それでは抽象的であるので、事前研修や定期的な研修、毎日のミーティング、現場でもその都度注意を促し、行動に落としていく。リーダー研修を行い、筆者も現場に入り改善の努力を日々行い、文化をつくりつつある。理念に向かおうとする人材が白、ただ楽に働こうとする人材が黒とし、混ざった場合、ほっておけばすぐにグレーから黒になっていく。常に意識改革と行動の改善を図っていく必要がある。

　こども財団では、丁寧に、スタッフが毎日工夫をしている。例えば、子どもの自我の芽生えは多くは「食べること」から始まる。いままでは保護者がスプーンで口元に持っていった食べ物をパクリと食べるのが当たり前だったのに、ある時から、そのスプーンを握りしめて離さなかったり、器の中を手でぐちゃぐちゃ探ってみたりする。与えられるままだった食事を「自分で食べたい」とか、「これはイヤ」と言った意思を表すようになる。スプーンも上手に使えないし、食べ物に手をいれるととても大変である。でも家庭では、子どもの意思を尊重して、スプーンを保護者と一緒に持ってみたり、手でつまめるような食べ物を用意したりして工夫しながら子どもの発達を後押ししていく。家庭では、「食べる」意欲を尊重し、意識の成長と手がきちんと使えるようになる成長を見守っているはずである。子どもがいまだ言葉で自分の気持ちを伝えるこ

とができなくても、その行動やしぐさ、表情などで、保育者は子どもの声を聴き丁寧で穏やかな保育を行うことができる能力が求められる。

3 地域型保育事業

　子ども・子育て支援新制度では、認定こども園、幼稚園、保育所を通じた共通の給付（施設型給付）に加え、以下の4つの地域型保育事業を市町村による認可事業として、児童福祉法に位置付けた上で、利用者が多様な施設や事業の中から選択できる仕組みとなっている。その内容と特徴、制度上の運営について説明する。

　筆者はこれらを実施主体者や基礎自治体が制度を理解するだけではなく、実施主体者が地域や多様な機関と連携し、自主事業として、制度外のサービスをどのように創出していくかが重要であると考えている。また基礎自治体の姿勢として求めるのは、中央集権的で制度の監視役的な動きではなく、利用者や実施主体者が産みだす新しいサービスをどのようにすれば実行できるのか、運用においての工夫、自治体独自の方策、さらには政府への提言などを行い、実施主体者や利用者のよさが発揮でき、新しい価値を産みだすような利用者・実施主体者と基礎自治体との新たな関係のルールをつくっていくことを望む。このことにより、地域の中で、多様な主体者による「どの子も大切」にする環境をつくっていくことができる。今回の担い手の規制緩和により、市場原理がはいってくる。公定価格により、利用料金などの価格競争ではなく、「質」の競争となる。これまでのように、子どもの利益を最善に考えている実施主体者が経営難で撤廃していくことがないことを望み、保育の質が向上されるような制度の活用に期待するものである。基礎自治体は質の担保、質の評価、事業評価（利用者数等）でなく、例えば子どもがどのように

変化したのか、地域がどのように変化したのかがわかる成果評価の仕組みを作っていく必要がある。

●4つの事業類型

・小規模保育（利用定員6人以上19人以下）
・家庭的保育（利用定員5人以下）
・居宅訪問型保育
・事業所内保育（主として従業員の子どものほか、地域において保育を必要とする子どもにも保育を提供）

地域型保育は都市部では認定こども園などを連携施設として、小規模保育を増やすことにより、待機児童の解消を図り、人口減少地域では、隣接自治体の認定こども園などと連携しながら、小規模保育の拠点によって地域の子育て支援機能を維持・確保することを目指していく。

	事業主体	保育実施場所等	定員
小規模保育事業	市町村、民間事業者等	保育者の居宅、その他の場所、施設	6人から19人
家庭的保育事業	市町村、民間事業者等	保育者の居宅、その他の場所、施設	1人から5人
事業所内保育事業	事業主等	事業所従業員の子ども＋地域の保育を必要とする子ども（地域枠）	
居宅訪問型保育事業	市町村、民間事業者等	保育を必要とする子どもの居宅	

3歳児以降は、集団生活の中で育つことが発達段階として重要であることから、地域型保育事業の対象は、原則として3歳未満児としている。ただし、例えば、過疎地やへき地などで近くに教育・保育施設（幼稚

園、保育所、認定こども園）がない場合や、兄弟で別々の施設に通園せざるを得ない場合など市町村が特に必要と認めた場合には、3歳以上児を受け入れることも可能だ。

　新制度における家庭的保育事業は、市町村から認可及び確認を受けることによって、利用定員5人以下の事業として、公的な財政支援である地域型保育給付を受けることができる。

●地域型保育の認可基準

事業類型		職員数	職員資格	保育室など	給食
小規模保育事業	A	保育所の配置基準＋1名	保育士	0・1歳児 1人あたり 3.3㎡ 2歳児 1人あたり 1.98㎡	自園調理（連携施設等からの搬入可）調理設備 調理員
	B	保育所の配置基準＋1名	1/2以上が保育士（保育士以外は研修をします）		
	C	0歳から2歳児 3：1 （補助者をおく場合5：2）	家庭的保育者	0・1・2歳児 1人あたり 3.3㎡	
家庭的保育事業		0歳から2歳児 3：1 （家庭的保育補助者をおく場合5：2）	家庭的保育者 （＋家庭的保育補助者）	0・1・2歳児 1人あたり 3.3㎡	外部搬入可能
事業所内保育事業		定員20名以上：保育所の基準と同じ 定員19人以下 小規模保育事業A型B型と同じ	保育士	0・1歳児 1人あたり 1.65㎡ 2歳以上 1人あたり 1.98㎡	外部搬入可能

居宅訪問型保育事業	0歳から2歳児 1：1	必要な研修を修了し、保育士、保育士と同等以上の知識・経験を有すると市町村が認めるもの		
参考 認可保育所	0歳児 3：1 1・2歳児 6：1	保育士	0・1歳児 乳児室　1人あたり1.65㎡ ほふく室 1人あたり3.3㎡ 2歳児以上 保育室1人あたり1.98㎡	自園調理

　小規模保育事業については、多様な事業からの移行を想定し、3類型の認可基準を設定している。

　A型：保育所分園（ミニ保育所に近い類型）

　B型：中間型類型

　C型：家庭的保育（グループ型小規模保育に近い類型）

　特にB型については様々な事業形態から円滑に移行が行われるように、保育士の割合を1／2以上としているが、同時に小規模な保育事業であることを鑑み、保育所と同数の職員配置とせず、1名の追加配置を認めて質の確保を図っている。

　また保育士の配置比率の向上に伴い、きめ細かな公定価格を設定することで、B型で開始した事業所が、段階的にA型に移行するように促し、さらに質を高めていくことを目指している。

連携施設の設定

　小規模保育事業については、小規模かつ0歳から2歳児までの事業であることから、「保育内容の支援」及び「卒園後の受け皿の役割」を担い連携施設の設定を求めている（連携施設を設定することが要件の一つ

「保育内容の支援」の具体例としては、連携施設で調理した給食の搬入、連携施設の嘱託医による合同健康診断、園庭開放、合同保育、小規模保育の保育士が急病の場合などにおける後方支援などが考えられる。

また、「卒園後の受け皿」については、小規模保育事業を卒園した後、確実な受け皿（転園先）があることが保護者の安心感や事業の安定性を確保していく上で、極めて重要であることから、連携施設に求める重要な役割として位置付けている。なお、連携施設における小規模保育事業からの受け入れのルールについては、特定の小規模保育等からの優先的利用枠を設定し、入園選考又は利用調整の際に優先的に取り扱うことを明示する等のルールを市町村が定めることが想定されている。

小規模保育事業者と教育・保育施設（認定こども園、幼稚園、保育所）の設置者との間で調整し、設定することが基本となる。しかし、その調整が難航し、連携施設の設定が困難である場合には、小規模保育事業からの求めに応じて、市町村が調整を行うこととしている。ただし、離島、へき地等で他に教育・保育施設が存在しないなど、連携施設の設定が著しく困難であると市町村が判断する場合においては、特例措置として、連携施設を設定しなくても認可を受けることが可能である。また、第1期の市町村子ども・子育て支援事業計画の終期である平成31年度末までの間においては、連携施設の確保・設定が困難であり、更なる環境整備が必要であると市町村が判断した場合、市町村は連携施設の設定を求めないことができる、という経過措置を設けている。

給食

現行の家庭的保育の実践においては、半数近くが弁当持参で対応している。そのことを踏まえて、現在、自園調理を行っていない事業から新制度に移行する場合は、第1期の市町村事業計画の終期である平成31

年度末までの間に自園調理の体制を整えることを前提に、自園調理を行わず、弁当持参を認める経過措置を設けている。また、連携施設から給食を搬入することも認められる。

　自園調理を行うために必要な体制の確保については、保育者とは別に調理業務に従事する調理員を配置することを基本とし、その費用は公定価格において算定することとしている。また、保育を受ける子どもが3人以下の場合は、家庭的保育補助者が調理業務に従事することが可能である。

家庭的保育補助者の配置

　現行は3人を超えて（5人まで）子どもを保育する場合、家庭的保育補助者が必置となる。しかし、3人の場合であっても、食事時間帯の対応など、マンパワーが求められる場面が想定されること、異年齢の子どもに対して同時に保育の提供を求めることがあり得ること等を踏まえ、保育を受ける子どもが3人以下の場合であっても家庭的保育補助者の配置に配慮し、調理員との関係も含めて公定価格の議論の中で検討することとしている。

●事業所内保育所について

　事業所内保育所が市町村の認可・確認を受けて地域型保育給付の対象事業となった場合には、従業員枠の子どもを含め、事業所内保育所を利用する保育認定を受けた全ての子どもが給付の対象となる。

　筆者はこの事業所内保育所にも期待をしている。これまでは大企業が事業所内保育所を設置していたが、地域の中小企業も単独、もしくは連携・協力にて、企業の社会的責任として、従業員への保育サービスの提供ができるようになる。さらには、事業所内保育所を活用し、地域枠の活用と自主事業により、地域への社会貢献を可能としていく。このこと

は、女性が働きやすい環境をつくり、社会システムを変えていく可能性を持つ。

事業所内保育所となる要件は

定員19名以下の施設の場合は小規模保育事業A型、B型の基準と同様であり、定員20名以上の施設の場合は保育所の基準と同様である。

複数の企業が合同で設置する事業所内保育所も、新制度に基づく地域型保育給付の対象となる。ただし、この場合においては、①認可を受ける設置者となる企業（主たる設置・運営主体である企業）を1つに特定すること②従業員枠の配分・利用方法及び運営コストの負担、有効期間について、取り決めを行っておくことが必要であり、これらの内容を協定書等の形で締結し、明確にしておくことが必要である。連携施設や、保育従事者の確保が期待できない離島・へき地に関しては連携施設に関しての特例措置を設けている。

給食、連携施設の確保に関しては、移行にあたっての経過措置を設けている。

地域枠の定員

事業所内保育所全体の定員規模区分に応じ、以下の表に示した国が定める基準を目安として市町村が地域の実情に応じて設定することになる。

定員区分		地域枠の定員
1名～10名	1名～5名	1名
	6名・7名	2名
	8名～10名	3名
11名～20名	11名～15名	4名
	16名～20名	5名
21名～30名	21名～25名	6名
	26名～30名	7名
31名～40名		10名
41名～50名		12名
51名～60名		15名
61名～70名		20名
71名以上		20名

保育料

　従業員の利用については、福利厚生・人材確保の側面もあることから事業者に一定の負担を求めることとし、公定価格の仮単価において、従業員枠の子どもに対する金額は地域枠の子どもに対する金額の84％となっている。

　従業員枠の子どもの保育料については、市町村が定める額を上限として、各企業の判断の下、事業主が設定することとしている。したがって、事業主が福利厚生・人材確保の一環として、事業主の負担において、従業員利用者の保育料を地域の子どもの保育料よりも安く設定することも可能である。

　従業員の子どもについては、居住する市町村において保育認定を受けた上で、居住市町村が給付を行うことになる。

保育の受け入れ

　本来、従業員のために設置している事業所内保育所において、年度途

中に従業員の子どもが利用できず、復職の支援の妨げとならないよう、定員弾力化によって、柔軟な受け入れが可能となるよう配慮することとしている。具体的には、従業員枠の定員が既に埋まっているが、地域枠に空きがある場合、地域枠を活用して受け入れることが可能である。なお、その結果、地域枠の定員も埋まってしまい、その後に地域枠の利用希望が生じた場合においても、認可基準を下回らない範囲で定員弾力化の活用を行い、全体の利用定員を超えて受け入れることも可能でである。また、年度当初から地域枠の空きがない場合でも、同様に、定員弾力化の活用による対応も可能である。

● 居宅訪問型保育

　居宅訪問型保育事業は、1対1対応が基本となる事業の特性を踏まえ、保育認定を受けた全ての子どもが利用できる訳ではなく、以下に該当するような場合に利用を認める（給付の対象とする）こととしている。
①障害、疾病等の程度を勘案して集団保育が著しく困難であると認められる場合
②教育・保育施設又は地域型保育事業者が利用定員の減少の届け出又は確認の辞退をする場合に、保育の継続的な利用の受け皿として保育を行う場合
③児童福祉法に基づく措置に対応するために保育を行う場合
④ひとり親家庭で夜間の勤務がある場合等など、居宅訪問型保育の必要性が高い場合
⑤離島、へき地などであって、居宅訪問型保育事業以外の家庭的保育事業等の確保が困難であると市町村が認める場合
　また、居宅訪問保育事業の場合、家庭的保育者1人が保育できる乳幼児の数は1人である。このために兄弟であっても家庭的保育者が預かる

ことができる人数は1人である。
保育料
　保育料の額は、国が定める基準額を限度として各市町村が定めることになるが、国が定める基準においては、同じ認定区分（1号・2号・3号）であれば、施設・事業の類型に関わらず同一としており、同じ年齢・所得であれば、地域型保育事業を利用した場合と保育所を利用した場合の保育料は同じになる。

●保育従事者の質の向上

　小規模保育事業B型の保育従事者、C型の保育者（補助者を含む）に対しては、保育の質の確保の観点から、一定の研修を求めることとしている。

　制度施行までの間は、B型の保育従事者及びC型の補助者については現行の家庭的保育者、補助者に対する基礎研修、C型の保育者については、現行の家庭的保育者に対する認定研修で対応することとなっている。

　新制度における研修については、現行の家庭的保育者・補助者に対する研修の内容も踏まえた上で、
- 小規模保育については、家庭的保育と比較して、より集団的な保育となること
- 研修対象となる保育従事者の数は現在よりも多くなることが想定されること
- 現行の家庭的保育者に対する研修については、市町村単位で行われているものの、事業規模等に応じて、より広範囲な研修実施体制の充実が求められること、等を勘案し、見直していくこととしている。

　すべての家庭的保育者、及び家庭的保育者補助者は基礎研修を修了する必要がある。また保育士以外の家庭的保育者は認定研修が必要である。

研修内容については、現行制度で行われている以下の内容を基本としつつ、今後実施体制も含め検討していくことになっている。

	基礎研修	認定研修	
受講者	すべての家庭的保育者 家庭的保育補助者	保育士以外の者（基礎研修に加えて受講）	
		看護師、幼稚園教諭、家庭的保育経験者（1年以上）	家庭的保育経験のない者、家庭的保育経験者（1年未満）
内容	講義等21時間＋実習2日間以上	講義等（40時間）＋保育実習（Ⅰ）（48時間）の計88時間	講義等（40時間）＋保育実習（Ⅰ）48時間＋保育実習（Ⅱ）20日間

　家庭的保育者に対しては、現行制度と同様に、保育士、保育士と同等以上の知識及び経験を有すると認められる者として、それぞれ必要な研修の修了を求めることを基本としている。家庭的保育補助者についても、現行制度と同様に、必要な研修を修了した者であることを基本としている。市町村認可事業であることから、家庭的保育者・家庭的保育補助者として認めるのは市町村が行うことになっている。しかし、研修対象者の数は現在よりも多くなることが想定されること、更なる専門性の向上を図っていく必要があること、本事業における業務内容を踏まえた内容とすることが求められること等を勘案し、これまで市町村が果たしてきた役割も踏まえつつ、都道府県や保育士養成施設の果たす役割を含めて見直していくこととしている。家庭的保育者の退職者などのことを考えると、研修の機会は拡大し、市町村単位だけでなく、都道府県、ブロック単位などにより研修の機会を増やしていくことが重要である。
　その際、従来の家庭的保育者等が引き続き保育に従事できるよう、必要に応じて、一定の経過措置を検討している。

筆者は、きめ細かいケアが必要な0・1歳児、障害児や小児慢性疾患児を対象とする場合には、保育士資格の有無を問わず専門的な研修が必要ではないかと考えている。

●子育て支援員（仮称）

　現在、小規模保育等の地域ニーズに応じた子育て支援の充実を図るための人材養成が重要であることから「子育て支援員」（仮称）の研修について検討されている。

　これは、子育て経験のある専業主婦の人たちに、地域の子育て支援の現場で保育の担い手になってもらおうということで、政府が来年度から新たに設ける認定制度である。待遇は働き方によって異なるが、年収200万未満の給料が設定されている。現在検討しているが、今のところ、全国共通の20から25時間の研修を受ければ子育て支援員になれるとしている。

　筆者はこの制度に注目している。子育て支援員は保育士不足を補い保育の担い手を増やすためだけの制度であってはならない。地域で子どもを育てる人を増やすという点では意義があると思うが、子どもの人格形成において重要な時期に職業として保育に関わる人材の養成としては20時間から25時間に研修では不足であり、子育て経験を活かすといっても、自分の子どもの子育てと他人の子どもを集団で保育することは異なる。最近はアレルギーの子どもや発達障害の子どもも多い。リーダーの保育士も利用者も不安である。

　そこで、「学ぶ」「実践する」「学ぶ」の繰り返しが必要であると考えている。特に地域型保育においては、これまでの3歳以上の保育や集団保育とは異なり、小集団にて、0歳から3歳の子どもの発達をいかに保

3 拡がる保育・子育て支援の場

障するか、制度やルールだけではなく現場の力が求められる。

　こども財団では、家庭的保育者の事前研修はガイドラインでは21時間＋実習2日となっているが、事前研修時間は「子どもの権利」「リスクマネジメントのワーク」など独自のカリキュラムを6時間追加している。それは、子どもの権利について理解をしてほしいということ、現場は自分たちで学び、考え、実践し、評価・改善し、よりよくしていくものであることをワークショップで伝えている。さらには、ガイドラインに基づく現任者研修のほかに、フォローアップ研修、ひやりはっとシートを使った事例研究と勉強会などを行っている。このことを毎年実施していくことで人材を養成していきたいと考えている。誰もがいくつになっても、働くことができる環境を作っていくことができる。また、別途、4か月600時間の保育スタッフ養成講座を修了してきているスタッフについても雇用している。そこでは社会福祉、教育原理、保育原理、児童家庭福祉、社会的養護、子どもの食と栄養等の学科と実技として造形表現実習、音楽表現実習、言語表現実習等を学習する。修了生の保育現場での姿勢から、筆者は研修、学びの重要性と効果を痛感している。保育士の資格がなくても、社会経験、子育て経験があり、常に学ぶ姿勢があり、現場で判断する力を自ら養うことが重要である。そして、ただ働く場ということだけでなくよりよい保育にしようとする意識向上を促す。だんだんと成長することのできる人材養成の仕組みと、学ぶ時間をある程度確保していく養成の仕組みの両面が必要であると考える。

　現在検討されている子育て支援員（仮称）研修事業イメージを以下に紹介しておく。

・実施主体
　　都道府県または市町村
・子育て支援員（仮称）

子育て支援員（仮称）は、都道府県又は市町村が行う子育て支援員研修（仮称）を修了し、子育て支援員（仮称）の認定を受けたものとする。
・研修対象者
　子育て支援分野の各種事業への従事することを希望する者を対象に研修を実施する。
・研修内容
　各種事業に共通する「共通研修」と分野別の「専門研修」（放課後児童コース、社会的養護コース、地域保育コース、地域子育て支援コース）により構成する。
・実施上の留意点
　子育て支援員（仮称）の認定証の交付は、共通研修＋専門研修修了者は、「子育て支援員（仮称）（○○コース修了）」とし、共通研修のみの修了者は「子育て支援員（仮称）（共通研修コース修了）」とする。子育て支援員（仮称）認定者が認定を受けたコース以外の専門研修を受講する場合には共通研修を免除。
　実施主体（都道府県、市町村）の研修修了者（子育て支援員（仮称）認定者）の情報管理に関すること。

4 放課後子ども総合プラン

小1の壁の打破

　保育所を利用する共稼ぎ家庭等においては、子どもの小学校就学後も、その安全・安心な放課後等の居場所の確保という課題に直面する。いわゆる「小1の壁」である。保育所では、延長保育があるところも多く、ある程度遅い時間まで子どもを預かってもらえる。しかし、公的な学童

保育では通常18時で終わってしまうところも多く、保育所よりも預かり時間が短くなってしまい、子どもは、家庭に帰り一人で多くの時間を過ごすことになる。小学校に入学して急にしっかりするわけではないので、保護者は安全面でも精神面でも心配がつきない。

同時に、小学生になると、時短勤務制がなくなる企業も多く、子どもの小学校入学を機に働き方の変更を迫られるワーキングマザーの方が多いのが現状である。

次代を担う人材育成

また、次代を担う人材養成の観点からは、共稼ぎ家庭等に限らず、全ての児童が放課後等において多様な体験・活動を行うようにできることが重要である。これまで政府・行政、民間、ＮＰＯ、地域等からバラバラに提供されていたサービスを１人の子どものため、一つの家庭のためには、どのような子どもの育ちの環境がよいのか、どのような家庭支援が必要なのか、きめの細かなサービスが求められてきている。放課後児童クラブのような共稼ぎ家庭等だけに対してのサービスではなく、すべての子どもへのサービスが求められている。

小学校低学年の子どもが学校にいる時間は、年間約1,200時間である。これに対し、長期休みなども含め放課後に過ごす時間は、年間約1,600時間になり、子どもが放課後を過ごす時間は、学校にいる時間よりも、年間約400時間も多くなっている。かつて、子どもは放課後に、家庭や地域社会において、家事や自然体験などを通し、基本的な生活習慣、生活能力、他人に対する思いやりや善意の判断、自立心や自制心、社会的なマナーなどを身につけていた。しかし、今は、核家族化が進み、共稼ぎ世帯の増加により、大切な時期である小学生の放課後の過ごし方は、家の中で一人でゲームをするなど、かつてのように自然の中で遊んだり、

仲間と遊んだりすることも少なくなり、子どもの日常の暮らしが変わってきた。

どの子も大切、どの子の成長も連続して見守る

　乳幼児期、親は０歳からの成長を見守りながら育児と教育の両方の視点を持ち接している。そして子どもは、遊びや体験から、自ら学ぶ力を育んでいく。そこで、乳幼児期から小学校へ生活の連続性、発達や学びの連続を考える必要がある。乳児期の遊びの創造性による自我の芽生え、徐々に大人が関わりながら、興味や関心に沿うような協同的な遊びや学びにより小学校へとつながり、人との関わりが広がっていく。思いやりや責任感が養われ、自尊感情を育てていく。遊びと学びを通して乳幼児期と小学校をつなぐために、新制度では、乳幼児期の保育所、幼稚園の見直しとともに、放課後児童クラブについても検討されている。

　子どもの権利条約第31条では、子どもの年齢に応じた遊び、レクリエーションを行い、文化的な生活及び芸術に参加する権利を求めている。

　※参考：子どもの権利条例31条

　締約国は、休息及び余暇についての児童の権利並びに児童がその年齢に適した遊び及びレクリエーションの活動を行い並びに文化的な生活及び芸術に参加する権利を認める。

　締約国は、児童が文化的及び芸術的な活動並びにレクリエーション及び余暇の活動のための適当かつ平等な機会の提供を奨励する。

●放課後児童クラブの今後

　放課後児童クラブは平成９年の児童福祉法改正により法制化され、その目的は「共稼ぎ家庭など留守宅家庭のおおむね10歳未満の児童に対して、児童館や学校の余暇教室、公民館などで、放課後の適切な遊び、

生活の場を与えて、その健全育成を図る」ものである。

平成 24 年の児童福祉法改正により、対象年齢を「おおむね 10 歳未満から」「小学校に就学している児童」とした。

「放課後児童健全育成事業の設備及び運営に関する基準」（平成 26 年厚生労働省令第 63 号）の主だった内容を紹介する。

支援の目的

支援は、留守家庭の児童が、家庭や地域等との連携の下で、発達段階に応じた主体的な遊びや生活が可能となるよう、児童の自主性、社会性及び創造性の向上、基本的な生活習慣の確立等を図り、もって当該児童の健全な育成を図ることを目的として行うこととする。

職員

放課後児童支援員を支援の単位ごとに 2 人以上配置することとする（うち 1 人を除き、補助員の代替が可能である）。

開所日数

原則 1 年につき 250 日以上とし、その地方における保護者の就労日数、授業の休業日等を考慮して、事業を行う者が定めることとする。

設備

専用区画（遊び・生活の場としての機能、静養するための機能を備えた部屋又はスペース）等を設置することとし、面積は児童 1 人につきおおむね 1.65㎡以上とする。

児童の集団の規模

一の支援の単位を構成する児童の数（集団の規模）は、おおむね 40 人以下とする。

開所時間

① 土、日、長期休業期間等（小学校授業の休業日）は、原則 1 日につき 8 時間以上とする。

② 平日（小学校授業の休業日以外の日）は、原則１日につき３時間以上とする。

上記に基づき、その地方における保護者の労働時間、授業の終了時刻等を考慮して事業を行う者が定めることとする。

その他

非常災害対策、児童を平等に取り扱う原則、虐待等の禁止、衛生管理等、運営規程、帳簿の整備、秘密保持等、苦情への対応、保護者との連絡、関係機関との連携、事故発生時の対応などについても定めることとする。

現状（平成25年5月現在）

・クラブ数：21,482か所（参考：全国の小学校20,836校）
・登録児童数：889,205人（全国の小学校１～３年生約325万人の24％程度＝約４人に１人）
・利用できなかった児童数（待機児童数）：8,689人（利用できなかった児童がいるクラブ数1,612か所）
・子ども子育てビジョン（平成22年1月29日閣議決定）
　　平成26年度末までに111万人（小学校１～３年生の32％＝３人に１人）の受け入れ児童数をめざしている。

事業に対する国の助成

平成26年度予算　332.2億円

○運営費
・か所数の増（27,029か所→27,750か所）
・概ね１／２を保護者負担で行うことを想定

- 残りの1／2分について、児童数が10人以上で、原則長期休暇（8時間以上開所）を含む年間250日以上開設するクラブに補助
　例：児童数が40人の場合1クラブあたり基準額342.7万円。
- 学校の余裕教室を改善する場合（基準額700万円）、備品のみ購入の場合（基準額100万円）も助成

○設備費
- 新たに施設を創設する場合（基準額：2,355.6万円）のほか改築、大規模修繕及び拡張による整備を支援。

＜運営費負担の考え方＞

保護者1／2	国1／6
	都道府県1／6
	市町村1／6

●放課後子ども総合プランとは

　共稼ぎ家庭等の「小1の壁」を打破するとともに、次代を担う人材を育成するため、すべての児童が放課後等を安全・安心に過ごし、多様な体験・活動を行うことができるよう、文部科学省と厚生労働省が協力し、一体型を中心とした放課後児童健全育成事業（以下、「放課後児童クラブ」）及び地域住民等の参画を得て、放課後等に全ての児童を対象とした学習や体験・交流活動などを行う事業（以下、「放課後子供教室」）の計画的な整備を進めていくことを検討している。

「小1の壁」を打破するため、共働き家庭等の児童にとって安心・安全な居場所を確保	●放課後児童クラブの拡充 □賃借によるクラブ開設を支援 □幼稚園等の活用の支援を充実 □高齢者、主婦等による送迎を支援 □開所時間の延長を促進 □女性の活躍の推進等による担い手の確保 ●一体型の放課後児童クラブ・放課後子供教室の強力な推進 □モデルケースを地方公共団体に提示 ※ 一体型でない場合についても、連携のモデルケースを提示する。 □一体型の整備の支援を充実
次代を担う人材の育成のため、全ての児童が多様な体験・活動を行うことができる環境を整備	●放課後子供教室の拡充 □ 全ての児童を対象とした学習支援・多様なプログラムの充実 □ 大学生、企業OB、民間教育事業者、文化・芸術団体等の様々な人材の参画促進

（1）学校施設を活用した放課後児童クラブ及び放課後子供教室の実施

　市町村は、放課後児童クラブ及び放課後子供教室の実施に当たって、学校教育に支障が生じない限り、余裕教室や放課後等に一時的に使われていない教室等の徹底的な活用を促進するものとする。

　放課後児童クラブ及び放課後子供教室は、学校施設を活用する場合であっても、学校教育の一環として位置付けられるものではないことから、実施主体は、学校ではなく、市町村の教育委員会、福祉部局等となり、これらが責任を持って管理運営に当たる。

　児童の放課後等の安全・安心な居場所や活動場所の確保は、地域や学校にとっても重要な課題であり、優先的な学校施設の活用が求められていることから、運営委員会等において、放課後児童クラブ及び放課後子

供教室の実施に当たって、各学校に使用できる余裕教室がないかを十分協議することとしている。

　全ての小学校区で、放課後児童クラブ及び放課後子供教室を一体的に又は連携して実施していくためには、放課後児童クラブの児童の生活の場と、共働き家庭等の児童か否かを問わず全ての児童が放課後等に多様な学習・体験プログラムに参加できる実施場所との両方を確保することが重要である。このために、学校の特別教室や図書館、体育館、校庭等（けが等が発生した場合の保健室を含む）のスペースや、既に学校の用途として活用されている余裕教室を、学校教育の目的には使用していない放課後等の時間帯について放課後児童クラブ及び放課後子供教室の実施場所として活用するなど、一時的な利用を積極的に促進することとしている。

（２）一体型の放課後児童クラブ及び放課後子供教室の実施

○一体型の放課後児童クラブ及び放課後子供教室の考え方

　一体型の放課後児童クラブ及び放課後子供教室とは、全ての児童の安全・安心な居場所を確保するため、同一の小学校内等で両事業を実施し、共働き家庭等の児童を含めた全ての児童が放課後子供教室の活動プログラムに参加できるものをいう。

　放課後子供教室を毎日実施する場合は、放課後児童クラブの児童の生活の場を確保するとともに、共稼ぎ家庭等の児童を含めた全ての児童が放課後子供教室の活動プログラムに参加できる環境を整備していく。

○共稼ぎ家庭か否かを問わず、全ての児童を対象とした多様な学習・体験活動のプログラムの充実させていく。

・学校での学びを深めたり広げたりする学習や、補充学習、文化・芸術に触れあう活動、スポーツ活動等、児童の興味・関心やニーズ、地域の資源等を踏まえた多様なプログラム

・児童が主体となって企画したプログラム
・児童によるボランティア活動
（3）放課後児童クラブ及び放課後子供教室の連携による実施
　一体型でない放課後児童クラブ及び放課後子供教室についても、両事業を連携して実施できるようにしていく。
（4）学校・家庭と放課後児童クラブ及び放課後子供教室との密接な連携
　「放課後子ども総合プラン」の実施に当たっては、児童の様子の変化や小学校の下校時刻の変更などにも対応できるよう、学校関係者と放課後児童クラブ及び放課後子供教室の関係者との間で、迅速な情報交換・情報共有を行うなど、事業が円滑に進むよう、十分な連携・協力が図られることになる。
　学校と家庭、放課後児童クラブ及び放課後子供教室の関係者間の連携に当たっては、小学校区ごとに協議会を設置したり、学校支援地域本部を活用するなど、情報共有を図る仕組みづくりを併せて進めていく。さらに、その協議会等を基盤として学校運営協議会（コミュニティ・スクール）に発展させることで、情報や課題等を共有し、協議をする仕組みづくりを行うことも有効であり、積極的に推進することが望まれる。
（5）民間サービス等を活用した多様なニーズへの対応
　児童の放課後活動について、サービスの水準・種類に対する多様なニーズを満たすためには、地域における民間サービスを活用し、公的な基盤整備と組み合わせることが適当である。特に、自立度が高まる高学年の児童については、放課後の過ごし方として、塾や習い事等も重要な役割を担っていることに留意する必要がある。
　地域のニーズに応じ、本来事業に加えて高付加価値型のサービス（塾、英会話、ピアノ、ダンス等）を提供することも考えられる。また、放課後子供教室については、全ての児童の学習支援や多様なプログラムの充

実を図るため、地域住民等の一層の参画を促進するとともに、これらの人材に加え、大学生や企業退職者、地域の高齢者、子育て・教育支援に関わるNPO、習い事や学習塾等の民間教育事業者、スポーツ・文化・芸術団体などの人材の参画を促進していくことも望まれている。

●放課後子ども総合プランをどのように進めるのか

・無理なく、無駄なく

地域にある既存の組織や取り組みなどをうまく活用・連携して実施していけばよく、必ずしも新たな取り組みや新たな組織を立ち上げなくてもよい。地域の実情に応じて考えられるべきものである。

・人と人とのつながりをつくる

かつて子どもの周りには多くの大人がいた。多くの異年齢の子どもがいた。いまは、子どものまわりには誰もいない。

たくさんの大人が子どもと関わる仕組みをつくっていくのがよい。それは大人にとっても「やりがい」や「いきがい」につながる。

中学生や高校生がボランティアとして参画できるようにしていく。それは、若者の社会参加のきっかけ作りともなる。

異年齢集団での主体的な活動は子ども同士のコミュニケーションの力をのばすよい機会となる。

・保護者が主体的に関わる取り組みとする

保護者は、単に便利なサービスを受ける側に回るのではなく、できるだけ積極的に地域の取り組みに関わっていく工夫をしてほしい。多様で多彩な子育て観があることを理解し、地域における子育て・子育ち支援の取り組みを知ることによって、過剰な負担感から解放されたり、自信を回復するきっかけになることが期待される。

共稼ぎ家庭が増えていることに配慮し、保護者が無理なく地域との接

点を持つことができるきっかけをつくっていくのがよい。
・地域全体が子どもの居場所
　子どもや保護者、地域の人のニーズをアンケートやグループインタビューなどを通して把握する
・どの子も大切コーディネーター
　公共サービスと民間サービス双方が連携することにより、多様なサービスが期待される。また、一人の子どもの成長のために、サービスの調整や連携を行うプランコーディネーターが必要となってくる。
・地域の資産を有効活用する
　実施場所については、学校の余裕教室・公民館・児童館など、地域の実情に応じて適切な場所を選ぶ。
・遊びの中で子どもは育つ
　子どもに多様な体験の場を提供することも大切であるが、そのことにこだわり、過剰な活動や過度な干渉がないように配慮する。子どもの居場所にとって「何かをしてもいいし、何もしなくてもいい場・時間」も大切である。
　体を使った外遊びなどは食事や睡眠の充実や安定にもつながり、生活リズムの改善を図っていく。
　放課後等の活動の中に、子どもの様々な学びの場を設ける視点も大切である。地域にある、自然、文化・芸術等様々な学習素材等も活かしながら内容を検討するのがよい。

● さいごに
　地域型保育、放課後子ども総合プランについての制度の説明と併せて、筆者のこども財団における取り組みや考えを示した。待機児童対策としての地域型保育の推進、小1の壁の打破のための放課後子ども総合プラ

ンの推進であってはならない。新制度を運用するのは現場である。映画の名言がある。「事件は会議室で起きているんじゃない、現場で起きているんだ」まさに、制度を現場でどのように活用するかである。利用者、実施主体者が基礎自治体と「想い」を同じくし、地域、関連各機関、NPO、企業、政府と連携・協力しながら、子どもとともに、どの子も社会の一員としてその可能性を最大限に伸ばすことができる環境を創り出していくことを期待する。そして自らも実践と提言により「次世代を担うすべての子どもが自信と希望を持って生きることができる社会」を目指し、その一翼を担っていきたい。

第6章 地域子育て支援の充実

1 新制度へ期待すること

　新制度が施行されるにあたり、各市町村の地域子育て支援事業に期待がかかる。もともと子どもに係る予算の大半は保育事業といっても過言ではない中、地域子育て支援に恒久財源が投入されることは今回の新制度導入の意義とも言ってもよいほど、インパクトが大きい。

　地域の子育て支援のメニューはまだまだ少なく、出そろってきたのも近年であるため、自治体ごとに取組に差異があることも大きな課題だ。今回、新制度導入にあたって、（全国一律になるという意味ではなく）足並みがそろって、各自治体が支援の充実に乗り出してくれることを大きく期待している。

2 地域で子どもを育てるために

　筆者は1998年に長男を出産し、1999年ごろから地域で乳幼児親子のつどう場づくりを、相互支援的に行ってきた。夫の転勤先での子育て開始だったため、周囲には頼れる人がいない状態での子育てスタート。当時は保育所で行われていた「園庭開放」に行き、何かあったら電話でも「相談」できるというのが地域の子育て支援だったが、「子育て支援」という言葉もあまり聞かれなかった。

「公園デビュー」文化もまだまだ色濃く残っていて、輪に入れないといった悩み相談も新聞の投書などに寄せられていた。公民館や集会所などを借りては単発で集まりを開催する育児サークルは、根気強く探していくといくつか存在していたが、誰もが気軽に参加できるわけではなく、たどり着いていない親子は、子どもが歩いて公園へいけるようになるくらいまで、分厚いマンションの扉の内側で悶々としていた。雑誌などでメンバーを募集し、回覧ノートを順番に送りながら子育てのこと、パートナーシップ、お互いの趣味を情報交換して交流していくサークルも存在していた。

　筆者が当時7か月の子どもを連れて近所の保育所の園庭開放にいき、砂場に座らせて遊ばせていたら「まだ早いんじゃないかしら」と心配されたのを思い出す。お座りがちゃんとできないうちから座らせていたこと、なんでも口にいれる時期に砂場では・・・という心配をいただいていたのだと、今になってみると先生のおっしゃった意図がよくわかるが、やっと誰かと話ができると思っていった場所でまだ早いと言われてしょげてしまった。かといって、在園児ではないので、園舎の中では遊べなかった。仕事を持っている人は保育士さんが相談に乗ってくれて、子どもを遊ばせる環境の中にいられていいなぁとうらやましく思ったのを覚えている。

　また、自治体によっては「ファミリー・サポート・センター」を立ち上げて、働く家庭を支援する動きも始まったころだったが、まだまだ身近ではないし、ましてや専業主婦が理由なく子どもを預けることは、タブー視される雰囲気だった。女性会館で活動や講座に参加する際に保育を用意してくれることが増えてきて、子どもと離れられる貴重な機会を得ようと、託児がついている講座には申し込みが殺到していることも多かった。託児付講座ではなく、講座付託児、といった言葉も親たちの口

コミでささやかれた。図書館は子連れでも利用できる数少ない施設だったが、子どもがぐずるとそそくさと外に出ていたし、息をひそめて利用をしていた。おはなし会の前後で担当の司書さんと絵本のことや自分の好きな本のジャンルについて語ることができるのが、大人と話ができる楽しみだった。

　この頃、自治会の集会所や市の市民活動センターなどを借りて、「赤ちゃんサロン」の活動を始めた。月に2回の開催に毎回50組を超える参加があり、こういった場所が求められていることを実感していた。自治会の方には「こども会？」と不思議がられた現象だった。乳児期に集まりが必要なのか、と。集まりが必要だったのは24時間子どもと離れられない親たちのほうだったが、当時はなかなか理解されなかった。

　その後、地元東京に戻ってからも場の開催を模索したが、場所の予約や（場所によっては子ども連れで使用することへの許可も）、駐車場の確保、開催のためのマットやおもちゃなどを運び込む負担など、開催に困難を感じた。しかし、何より求めている親子の切実さを感じ、世田谷の無認可保育所の2階を借りて、電話をひいて、常設の居場所を開設した。子育て当事者の親たちが無謀にもはじめた活動だったが、その反響は大きかった。後に、全国のあちらこちらで、同じように感じた親たちがグループをつくって居場所づくりをはじめていたことがわかる。中でも神奈川県横浜市ではじまった「NPO法人びーのびーの」がつくった菊名ひろばを当時の厚労省少子化対策企画室が視察にいったのがきっかけで、全国に同様の活動の実践者がつながってその必要性を訴えてきたことにより、地域に乳幼児期の子育てを支える居場所をつくる自治体に補助金がでる仕組みができた。「つどいのひろば」事業の始まりである。（後に、子育て支援センターとともに、第2種社会福祉事業「地域子育て支援拠点」となった）

3 地域子ども・子育て支援事業の概要について

　新制度移行にあたって、ボトムアップでつくられてきた経緯を持つ「地域子育て支援拠点事業」を軸に、地域を改めて見渡してみると、わがまちの地域子ども・子育て支援事業（いわゆる13事業）をどう展開すべきか、見えてくるはずだ。それぞれは、個別の独立したサービス提供とみるよりむしろ、地域で子どもが育つ道すじに沿った日々に、ストーリーをもって織り込まれ、連動するべきものだからだ。

　市町村は、子ども・子育て家庭等を対象とする事業として、市町村子ども・子育て支援事業計画に従って、以下の事業を実施する。（子ども・子育て支援法第59条）国または都道府県は同法に基づき、事業を実施するために必要な費用に充てるため、交付金を交付することができる。費用負担割合は国・都道府県・市町村それぞれ1／3（妊婦健診については交付税措置）

（1）利用者支援事業（新規）
　　子ども又はその保護者の身近な場所で、教育・保育施設や地域の子育て支援事業等の情報提供及び必要に応じ相談・助言等を行うとともに、関係機関との連絡調整等を実施する事業

（2）地域子育て支援拠点事業
　　乳幼児及びその保護者が相互の交流を行う場所を開設し、子育てについての相談、情報の提供、助言その他の援助を行う事業

（3）妊婦健診検査
　　妊婦の健康の保持及び増進を図るため、妊婦に対する健康診査として、①健康状態の把握、②検査計測、③保健指導を実施するとともに、妊娠期間中の適時に必要に応じた医学的検査を実施する事業

第6章 地域子育て支援の充実

（4）乳児家庭全戸訪問事業
　生後4か月までの乳児のいる全ての家庭を訪問し、子育て支援に関する情報提供や養育環境等の把握を行う事業
（5）養育支援訪問事業、子どもを守る地域ネットワーク機能強化事業(その他要保護児童の支援に資する事業)
　① 養育支援訪問事業
　養育支援が特に必要な家庭に対して、その居宅を訪問し、養育に関する指導・助言を行うことにより、当該家庭の適切な養育の実施を確保する事業
　② 子どもを守る地域ネットワーク機能強化事業（その他要保護児童の支援に資する事業）
　要保護児童対策協議会（子どもを守る地域ネットワーク）の機能強化を図るため、調整機関職員やネットワーク構成員（関係機関）の専門性強化と、ネットワーク機関間の連携強化を図る取組を実施する事業
（6）子育て短期支援事業
　保護者の疾病等の理由により家庭において養育を受けることが一時的に困難となった児童について、児童養護施設等に入所させ、必要な保護を行う事業（短期入所生活支援事業（ショートステイ事業）及び夜間養護事業（トワイライトステイ事業））
（7）ファミリー・サポート・センター事業（子育て援助活動支援事業）
　乳幼児や小学生等の児童を有する子育て中の保護者を会員として、児童の預かり等の援助を受けることを希望する者と当該援助を行うことを希望する者との相互援助活動に関する連絡、調整等を行う事業
（8）一時預かり事業
　家庭において保育を受けることが一時的に困難になった乳幼児につ

いて、主に昼間において、認定こども園、幼稚園、保育所、地域子育て支援拠点その他の場所において、一時的に預かり、必要な保護を行う事業

(9) 延長保育事業

保育認定を受けた子どもについて、通常の利用日及び利用時間以外の日及び時間　において、認定こども園、保育所等において保育を実施する事業

(10) 病児保育事業

病児について、病院・保育所等に付設された専用スペース等において、看護師等が一時的に保育等する事業

(11) 放課後児童クラブ（放課後児童健全育成事業）

保護者が労働等により昼間家庭にいない小学校に就学している児童に対し、授業の終了後に小学校の余裕教室、児童館等を利用して適切な遊び及び生活の場を与えて、その健全な育成を図る事業

(12) 実費徴収に係る補足給付を行う事業（新規）

（略）

(13) 多様な主体が本制度に参入することを促進するための事業（新規）

（略）

幼い子どもとの暮らしの中で、子育て中であるということだけで、時間や空間に制限が生まれ、仲間をうまく得られないと孤立し、3つの「間」、いわゆる「サンマの危機」が訪れる。このことは、子育てをしている親であるならば少なくとも1度は経験していることである。2013年に行われた横浜市の調査では、子どもが生まれるまでに赤ちゃんのお世話をしたことがない人は74％にものぼるという。

だからこそ、産前産後からの切れ目のない支援から、さらに身近な地域とつながることが重要だ。この時期は母子保健分野との連携をど

のように構築していくか、工夫のしどころともいえる。赤ちゃんのことを学び、知りながら、日々の暮らしのペースをつかんでいく「初めの一歩」の時期は、地域まるごとのあたたかいまなざしと伴走型の支援が必要だ。

4 それぞれの事業を実施するに際して

これら13事業を実施するに際しての期待と課題について、特に地域での子育てと密接につながっている事業について述べてみる。

(1) 利用者支援事業

さまざまな支援の仕組みを構築し、それぞれの事業が活かされるには、その家庭にとって必要なことを必要な分だけどうデザインしていくかという目線を持つことだ。単に子どもの育ちにあわせたステージごとの「切れ目のない支援」用意してあって、どうぞご利用ください、といったものではなかなかたどり着けない。その人たちの口にあわせた大きさに切り取って一口大で提供する仲介役が欠かせない。

地域子育て支援拠点は、その仲介役として、改めて期待がかかる。また、より個別のバックアップが必要なところに手が届けようと思うと、拠点の役割にも限界がある。その発想からうまれたのが今回あらたに創設される「利用者支援事業」である。そもそも、平成25年に、利用者支援、地域支援を行う「地域機能強化型」が拠点事業に創設されたが、27年度からの新制度実施にともない、利用者支援事業として別建てになった。前倒しで26年度からいくつかの市町村でも実施されている。本格実施となる27年度にむけて、制度そのものを伝えることも含め利用者支援事業をどうとらえ、活用するかが新制度のキモにもなりそうだ。

3 拡がる保育・子育て支援の場

　包括的な支援を子育て分野に導入するにあたり、介護保険の仕組み同様、利用者に対して制度やサービスにつなぐイメージを持つが、筆者はそこに「人」が介在する意味を強く感じた。「相談」は「窓口」でするものだと思われている保護者が多く、いつもそばに「誰が」いるのか、その入り口と届け方とがセットで「利用者支援事業」が展開されることが必要だ。特に地域子育て支援拠点では、利用者支援が利用者と拠点職員との日常の信頼関係の先にあることで、その機能を発揮すると考える。

子育て支援コーディネーターとは
　子育て家庭が有する課題やその力を包括的に把握、予測したうえで本人の力や地域資源を生かしながら、個別の家庭状況に応じ、支援策を調整、調達する。あわせて、すべての子育て家庭が子どもを授かり、子どもを育てることを開始した時から、社会的に包摂される仕組みを地域の中につくることを指向し、より包括的、予防的にコーディネートする役割を担う（NPO法人子育てひろば全国連絡協議会調査研究「子育て支援コーディネター役割と位置づけ」より）

　利用者支援事業の職員は、単に給付と事業を利用者に説明し、案内する窓口業務ではなく、自分自身がどんなことでつまづいているか説明できない、モヤモヤの段階からも関わり、からまった糸をほどいていくようなプロセスの伴走者にもなりうる。「身近な地域で」と記された所以はここにある。普段から、何もないときからつながり、予防的に関わる。また、給付・事業以外の市町村で行われているサービスや事業につなぐこと、家庭の状況に応じ、子ども子育て以外の領域での関わりをつくっていくことも必要となる。そして、「つなぐ」だけでなく、その地域に新たな課題を発見し、資源を開発していくことも視野に入れる。時には

セルフヘルプ的な当事者グループの立ち上げ支援なども有効だ。地域の親たちが自分たちの居場所を「なかったらつくる」スタンスで活動を進めてきたように、利用者支援事業においても、利用者の立場にたって、地域の特性をいかして新たな資源を開発していくことで課題解決を図ることもできる。誰一人同じ子どもがいないように、同じ出産、同じ子育ては存在しない。様々な状況と地域が持っている資源を見渡しながら、オーダーメイドの子どものいる暮らしを共に考えていく重要な役割になる。制度にあわせるのではなく、自分の状況に制度やサービスをあわせて利用し、うまくあうものがなければ共につくっていくスタンスだ。

　そこには、豊かな発想でまちにアウトリーチしながらネットワークを作っていく地域支援の機能も必要となってくる。関係機関はもちろんのこと、地域の多様なステークホルダーへの働きかけ、まちの子どもたちのために、といった気運づくり、子育ての当事者も巻き込む循環型のしかけをしていく。その実践が、まちの厚みとなって、予防型の子育て支援となる。

　ここはまさに、「地域を基盤としたソーシャルワーク」（岩間　2012）の視点が必要である。「個を地域で支える援助」と「個を支える地域をつくる援助」が相関的にその地域の子育てを底上げしていく。

・個を地域で支える援助
　・子育て家庭にとって身近な場所でうけとめ、寄り添っていく
　・地域資源の情報収集につとめ、提示しつつ選択肢を共にみつけていき、利用者が「自ら決めること」「自ら決めて行動していること」を支える
　・「子ども」の視点にたち、フィードバックしつつ、気づいてもらう。必要があれば関係機関等とつなぐ。そのためにネットワークを築い

ていく

・個を支える地域をつくる援助
 ・直接支援から見えてきた地域の課題をつなぎ、相互援助の仕組みを検討する
 ・セルフヘルプグループの立ち上げ、支援者グループの組織化、予防的な視点、インフォーマルな支援の発掘、開発

図「地域福祉援助をつかむ」岩間信之・原田正樹著　2012年有斐閣より

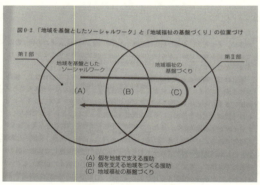

(2) 地域子育て支援拠点事業

現行の地域子育て支援拠点の基本事業は以下の4つ。
　（1）子育て親子の交流の場の提供と交流の促進
　（2）子育て等に関する相談、援助の実施
　（3）地域の子育て関連情報の提供
　（4）子育て及び子育て支援に関する講習等の実施

基本事業の第1番目に書かれている事業が、交流の場の提供にとどまらず、交流の促進とあるところに着目したい。単なる遊び場の開放では

なく、職員が、交流できる「場」をつくっていくという点、その「場」において交流をどう促進していくか、という点。いずれも親子にとって居心地のよい場をつくって、温かく迎え入れるところから始まる。中学校区に1か所合計1万か所を設置目標としているが、25年度速報値で約6,300か所、自治体単独型を含めても約8,000か所といったところまで増やしてきた拠点だが、この基本事業がしっかりおさえられている拠点はどれほどだろうか。新制度導入にあたって、都道府県にも人材養成、研修等の役割をしっかり果たしてもらい、実施主体である市町村は、地域目線で、親子の立場にたって運営できるパートナーを発掘して、柔軟な運営体制で拠点のスキルアップを図ってもらいたい。地域子育て支援拠点事業は地域の実情に合わせて実施される事業というところが特徴であるがゆえに、その気づき、職員の自己覚知などが必要となる。自治体はひろば全協などの中間支援団体の研修等活用し、職員が広域で実践者交流する機会を与えたり、第3者を交えての内部研修などを活用して拠点を客観的にみること、その質を高める機会の提供が必要であろう。

(3)妊婦健診検査
(4)乳児家庭全戸訪問事業

　このたびの制度の中は妊娠期からの切れ目のない支援がひとつのキーワードとなっている。上記の周産期からの事業を活用し、プラスアルファの工夫をしながらわがまちの産前産後の支援をしっかり構築していただきたい。

　世田谷区が地域のNPOとの協働で実施する「産前産後のセルフケア講座」（世田谷区がNPO法人せたがや子育てネットに委託）では、妊婦と産後4か月までの女性がともに受講できる環境をつくり、赤ちゃんとすごす先輩ママの様子を身近に感じたり、抱っこさせてもらったりで

きるしかけをつくっている。申し込みもせたがや子育てネットのサイトからできるため、敷居が低い。時間内に地域情報の提供タイムを設け、地域の活動団体や支援者を紹介する。講座をきっかけに地域の活動や地域子育て支援拠点につながるようにしていく。会場は児童館を活用し、その後も通えるきっかけとする。

産後もすぐに児童館や拠点とつながり、ちょっと心配な場合には早期に地区担当の保健師さんと連携して乳児家庭全戸訪問事業の際にあらかじめ継続して関われる保健師さんに担当してもらえるようお願いするといったことも可能だ。

(5) 養育支援訪問事業
(7) ファミリー・サポート・センター事業（子育て援助活動支援事業）

虐待防止の取組が地域に浸透してきて、相談件数も年々増加し続けている。「心配な親子を見かけたら通告を」と呼びかけてきたことで、地域でのアンテナを高め、早期発見、早期予防につながる取組となりつつある。しかし同時に、いかに日常的に気軽に相談ができる相手が身近にみつけてもらうということがセットでなければならないと感じる。初めてハンドルを握って恐る恐る運転する者には、サイレンを鳴らして追いかけてくるパトカーではなく、まずは助手席に座って支える者が必要なのである。子どもとの慣れない暮らしをスタートして最初に訪ねてきた人が泣き声の通報でかけつけた派出所の警官だったというようなことがあちらこちらで起こっている。その前に誰かと出会ってほしい。誰かと手つなぎし、育ちあってほしい。子どもとその保護者が地域の中で認識され、声をかけてもらったり名前を憶えてもらえること、子どもが親以外の大人モデルと出会えること、同じ境遇の人と何気ない会話をしながらつながっていくことで安心して親となっていく。

養育支援訪問事業は家庭をバックアップする貴重な訪問型の支援。もう一歩、踏み込んだ支援を必要とする場合の「手札」として有効だ。しかし、地域でその担い手を育てるとなると、頭を抱える自治体も少なくない。地域の子育てサークルや、地域子育て支援拠点でのセルフヘルプグループのバックアップなどを通じて保護者も成長し、ちょっと先行く先輩ママとしての経験を生かして今度は地域の子育ての理解者、支援者になっていくことがある。ファミリーサポートセンター事業の援助会員などがいい例だ。長い目でみて市民を育てていくためにも、すべての子どもとその家庭へ支援し続けていくことが、ひいてはバックアップが必要な家庭を支えることにつながる。近年ではファミリーサポートセンター事業や、イギリス発祥の「ホームスタート」事業とセットで取り組んでいる自治体も多くなった。三世代同居の割合の多い地域では、「家庭に入る」支援はなかなか浸透しないし、ニーズがないということで実は必要な家庭があっても手が届かない支援となっていることも少なくない。こういった地域ではいざというとき、たとえば災害時などに他者に助けを求めにくい傾向がある。日常的にやっていないことは、利用のハードルを上げ、依頼する際のバイアスとなってしまう。しかし地域の先輩が担い手の場合、「サービスの利用」というハードルを少し下げてくれる。援助を受けることに慣れておく必要もあるのではないか。

ぜひ地域の担い手を組織化し、たとえすぐに利用率があがらなくても、ニーズがないと決めつけず、気長に事業を育てていく視点が必要だ。

(10) 病児保育事業

「断らない保育」をめざして取り組んでいるのが新潟県上越市のわたぼうし病児保育室の実践から学びたい。平成13年に塚田こども医院の独自事業として開始、21年度に市の事業となっている。人口20万人程度、

年間出生数役1,700人の自治体だが、年間利用数は2,000名を超える、全国でもトップクラス。平成24年の全国の中央値が577人であるから、その実績がとびぬけて高いことがわかる。もちろん子どもの視点にたって、ワークライフバランスを推進する必要性がある一方で、子どもの育ちの支援と子育てのパートナーとしての病児保育が存在し、断られないという安心感が、就業継続の支えになる。ぜひ自治体の本気度を示し、それに応えてくれるパートナーを発掘し、事業を育ててほしい。

(11) 放課後児童クラブ（放課後児童健全育成事業）

今回の新制度導入にあたり、6年生までに対象が拡大し、職員の基準なども示された。

この分野は今まで自治体によって実施の仕方がまちまちで、整理が必要な事業だ。しかし、その分地域の実情に合わせた、地域の力が生かされた場もたくさん育まれてきた。

子どもはお金と時間の流れが世の中と違う場で守られ、育まれるべきだ。これをチャンスととらえ、「子どもの放課後をどうデザインするか」という視点で、ぜひ子どもたち自身や、保護者や地域の支援者達とじっくり話す場を設けながらつくりあげてほしい。

5 地域の子育てをデザインするために

利用者支援事業と地域子育て支援拠点事業を軸にみていくと、施設型給付、地域型給付、そして地域子育て支援事業のそれぞれが、別々のものではなく、ストーリーを持って連動していく。例えばこんなストーリーだ。

転居してきたばかりの親子が、近所のパン屋さんであそこのひろばにいってごらんと勧められて拠点にやってくる。拠点で過ごしながら、スタッフや来場者から小児科やスーパーなど、暮らし情報を口コミで得る。しばらく通ってくるうちにスタッフとも関係ができてきて、間もなく第2子を出産するにあたって、様々な不安があると相談される。利用者支援事業のスタッフにつなぎ、ゆっくり話をきく。里帰り出産がパートナーや、実家との関係など考えてできない状況であること、上の子を連れての健診は大変で、かなり間が空いてしまう、と聞き、健診の間預かってもらうため、ファミリーサポートセンターで近隣の方を紹介していただく手続きに同行する。援助会員が見つかるまでの間、慣れるためにも拠点で行っている一時預かりにも登録し、子どもを預けてすこし休むことを勧める。免許の更新や、新生児のための買い物など、出産前にやっておきたいことをまとめて行ったと拠点のスタッフにも報告してくれる。上の子の幼稚園見学などもしておきたいが引っ越してきたばかりで情報が全くない。拠点に来ている利用者の何人かに声をかけて幼稚園情報交換会を開催してくれるように依頼、先輩ママからの情報に耳を傾けていた。そこで一緒に参加した母親とも仲間になれたようだ。妊娠中のため、上の子の遊びが制限されてしまっていることを仲間に話す。彼女の負担を減らすため、仲間の家に何人かが集まって一緒に水遊びをして、ご飯をつくって食べる交流が生まれる。持ち寄りで彼女がつくってきたおかずは仲間に好評で、拠点のなかでのレシピ紹介をすすめられ、手作りのレシピカードを提供した。

　産後は生協の会員になり個別配送を手配することで買い物について解決、その生協の会員相互活動の産褥シッターを利用し、上の子は日中、保育所の一時預かりを利用できないか、行政の窓口に相談にいくことを勧める。

3　拡がる保育・子育て支援の場

　親子が地域で健やかに暮らしていくための様々な支えは、行政サービスだけではない。ちょっと心配な親子でも、インフォーマルな資源とも上手につなげていくことで、子どもの育ちを見通し、余裕をつくることができ、得意分野を認められて自分のコミュニティへ貢献する。
　一連の流れをつくれる土台は、それぞれの事業を担う運営主体が連携できていることである。日頃のネットワークづくりがセーフティーネットにもなる。要保護児童対策協議会にステークホルダーが参画し、つながりを日常的につくり、いざというときにそれぞれの得意分野を生かして早期解決にむけて動ける有機体として育ててほしい。もちろん機関連携が大事だが、有効なのはそこの「人」同士が信頼関係で結ばれていることだろう。
　また、要保護児童対策協議会の枠にかからない親子への支援、地域の資源創出にあたり、要対協とは別の、子育て支援の関係者の幅広いプラットフォームが必要となるだろう。

6 地方版子ども・子育て会議への期待

　市町村でも子育て支援の政策プロセスに参画できる仕組みとして、地方版子ども・子育て会議の設置が努力義務とされた。そして、おおよその市町村に設置されている。
　市町村は急ピッチで準備している最中だが、制度開始がゴールではもちろんなく、むしろあらたな地域協働の始まりととらえ、今後の施策の展開に、地方版子ども・子育て会議を活用してもらいたい。アンケート調査のデータを活用して近々の課題だけでなく中長期的な課題の抽出、公募委員や多様なステークホルダーの参加により地域の実情をしっかり

キャッチしていくことが大事だ。

「ひろばにでてくる親はいい、でてこない親が課題だ」

　これは、地域の子ども子育てに関する会議等でよく聞かれる発言だが、はたしてそうだろうか。ひろばにきている親たちは大丈夫、ということはない。何かを求めて通ってきているうちに、関係ができて、相談する気持ちが生まれる。実は大きな課題を抱えていることも少なくない。大切なのは、胸の内を明かせる関係を育める場をつくり続けること、何もないときからつながりがあるからこそ、いざというときに関われるということだ。また、でてこないことにも理由がある。出張ひろばを多様な場所で開催したり、訪問支援といったアウトリーチ活動、対象者を絞ったプログラムの実施など、ひろばでできる工夫はまだまだある。

「近年の子育て支援は、親の支援ばかりで、子どもへの目線がないのではないか」

　子どもの立場にたつことは確かに大切な視点だが、親への支援と子どもの利益が必ずしも相反するとは筆者は思わない。

　むしろ、「親」は子どもにとって最大の「環境」である、という視点に立つと、より一層、親への寄り添い型の支援の在り方が見えてくる。それは、制度外の（インフォーマルな）ものも視野に入れての支援になっていくだろう。地域の方々に温かいまなざしを持って見守ってもらえるよう働きかけたり、ボランタリーな取組などを起こしていくこと、様々な人材、市民団体を巻き込むことは、まさに地域の「拠点」としての親子の居場所の可能性を広げ、豊かにしていく。いずれは子どもが育ち、拠点に通わなくなる時期がくる。そこを見通して、親子を地域につなげていく。保育所や幼稚園、認定こども園が地域子育て支援事業の担い手を連携していくハブになるのも地方版子ども・子育て会議なのではない

か。

　地方版子ども・子育て会議が地域協働の動きをウォッチし、当事者のニーズを把握し、PDCAサイクルで計画の見直しをする機能を発動していただきたい。「実施主体は市町村」＝行政だけががんばる、ということではないはずだ。地域版子ども・子育て会議は、まちぐるみで知恵と工夫を結集し、あらゆるステークホルダーを巻き込んで取り組むための仕掛けなのだ。

7 まとめにかえて

　制度そのものをすべて理解しようと思っても、端から辞書を読むようなもので、とらえどころが難しい。難しく、新しいものは怖い、受け止めにくい。それはその通りだろう。

　しかし、日々の子どものいる暮らしに寄り添い、そこから出発した困りごとや疑問、不安に着目していくと、では、現行のままで果たして良いのだろうか？という問いにぶつかる。

　これからの人口減少社会にむけて、それぞれの自治体が、知恵を出し、地域を巻き込みながらすべての子どもにまなざしをむけていくための「ツール」だと思って新制度を眺めてみてほしい。使えるツールにするためにメンテナンスし、磨きをかけるのも私たち次第だ。

　筆者が活動している世田谷区でも、地域版子ども・子育て会議に並行して、区民版の子ども・子育て会議を月1回程度開催している。さまざまなテーマで切り取って、NPO、市民団体、当事者、関係者などが集まってワークショップする。必ずしも何か結論を出す場ではなく、立場を超えて話し合い、それぞれの視点や取り組みを知り、つながりを作る場だ。

行政も欠かさず参加してくれている。理念を話し合う回では、でてきたキーワードが区の素案づくりの文言にも採用された。手弁当での開催だが、私たちは「会議に呼ばれたから意見する、考える」のではなく、自発的にわがまちの子どもの育ち、子育て支援に関わりたいと思って集まっている。この取組を通じて、いざという時の信頼関係の土台が作られていて、スムーズな連携や役割分担につながると確信している。

　各地から「子育てするならわがまちで！」という声が聴こえてくるのが楽しみだ。

第7章 子ども・子育て新制度と保育者

■1 新しい職名としての「保育教諭」

幼稚園教諭と保育士と保育教諭

　筆者は日本保育協会という保育団体で保育所の園長と保育士を対象にした各種研修会を企画・運営している。そのため保育士制度の動向について日ごろから高い関心を持っている。そこで、この章では新しい制度と保育者という視点で国の子ども・子育て会議の資料などを中心に筆者なりにまとめてみたい。

　子ども・子育て関連3法のうち、職員についての規定があるのは「就学前の子どもに関する教育、保育等の総合的な提供の推進に関する法律の一部を改正する法律」である。関連部分を抜粋すると、

3　職員
園長及び保育教諭を置かなければならないものとし、副園長その他必要な職員を置くことができるものとすること。(第14条関係)
4　職員の資格
イ　保育教諭等は、幼稚園の教諭の普通免許状を有し、かつ、保育士の資格の登録を受けた者でなければならないものとすること。
ロ　その他の職員について必要な資格を定めること。(第15条関係)

とされ、新しい幼保連携型認定こども園(以下、幼保連携型認定こども園)では、「保育教諭」が必置となった。

　保育所は児童福祉法に基づく福祉施設であり、幼稚園は学校教育法に

基づく教育機関である。幼保連携型認定こども園は児童福祉法と学校教育法から幼保連携型認定こども園に関する規定を一本化している。つまり、幼保連携認定こども園は「児童福祉施設でもあり学校でもある施設」という位置づけになり、保育と学校教育をどちらも提供する施設になった。そのため、幼保連携型こども園で働く保育者には、保育士と幼稚園教諭の両方の免許資格が必要となる。このように幼保連携型認定こども園で働く、両方の資格を持った保育者を「保育教諭」とした。これは職名であって、新しく「保育教諭」という免許・資格ができたわけではない。

必　置	園長、保育教諭、学校医、学校歯科医、学校薬剤師、調理員
任意配置	副園長、教頭、主幹保育教諭、指導保育教諭など

表1　幼保連携型認定こども園の配置職員

　幼稚園と保育所の職員構成が法律ではどのように規定されているかを見てみよう。幼保連携型認定こども園の職員構成は幼稚園の規定に加えて、園長と調理員が必置になったものといえる。

幼稚園	保育所
学校教育法　第27条　幼稚園には、園長、教頭及び教諭を置かなければならない。 2　幼稚園には、前項に規定するもののほか、副園長、主幹教諭、指導教諭、養護教諭、栄養教諭、事務職員、養護助教諭その他必要な職員を置くことができる。	児童福祉施設最低基準　第5章 （職員） 第33条　保育所には、保育士、嘱託医及び調理員を置かなければならない。ただし、調理業務の全部を委託する施設にあっては、調理員を置かないことができる。

表2　幼稚園と保育所の職員構成

また、幼稚園教諭と保育士の業務を、関係法令を抜粋して比較してみると、以下の表のとおりとなる。

幼稚園教諭	保育所保育士
学校教育法　第 22 条 幼稚園は、義務教育及びその後の教育の基礎を培うものとして、幼児を保育し、幼児の健やかな成長のために適当な環境を与えて、その心身の発達を助長することを目的とする。 第 27 条　9　教諭は、幼児の保育をつかさどる。	児童福祉施設最低基準　第 5 章（保育の内容） 第 35 条　保育所における保育の内容は、健康状態の観察、服装等の異常の有無についての検査、自由遊び及び昼寝のほか、第 12 条第 1 項に規定する健康診断を含むものとする。

表 3　幼稚園教諭と保育士の保育内容の規定

同じく子どもを保育する職業とはいえ、法的にはそれぞれに違う内容が規定されている。

2 幼稚園教諭と保育士を数字で見ると

（1）保育士をめぐる状況

ここで、今の保育士が置かれている状況を数字で見てみよう。平成 26 年 6 月現在の全国の認可保育園数は 24,443 か園、在園している子どもは 2,318,768 人と増加傾向にある。（表 4、5）　全国の認可保育園で働く保育士数は 353,099 人と社会福祉施設では最大の職員を抱えている。

平成 22 年	平成 23 年	平成 24 年	平成 25 年	平成 26 年
23,069	23,385	23,711	24,038	24,425

表 4　全国の認可保育所数の推移（各年 4 月 1 日現在）

平成 22 年	平成 23 年	平成 24 年	平成 25 年	平成 26 年
2,080,072	2,122,951	2,176,802	2,219,581	2,266,813

表5　全国の在園児数の推移（各年4月1日現在）

平成 22 年	平成 23 年	平成 24 年	平成 25 年	平成 26 年
26,275	25,556	24,825	22,741	21,371

表6　全国の待機児童数の推移（各年4月1日現在）

平成 20 年	平成 21 年	平成 22 年	平成 23 年	平成 24 年
329,101	331,849	331,048	334,907	353,099

表7　全国の保育士数の推移（各年10月1日現在）
厚生労働省社会福祉施設等調査を基に筆者作成

（2）幼稚園教諭をめぐる状況

　一方、幼稚園教諭の置かれている状況は、平成26年6月現在の全国の幼稚園数は13,170か園で、毎年減少している。（表8）在園している子どもは1,604,225人と減少傾向から増加に転じている。（表9）　全国の幼稚園で働く教諭の数は110,836人と同じように減少傾向から増加に転じている（表10）。

平成 21 年	平成 22 年	平成 23 年	平成 24 年
13,516	13,392	13,299	13,170

表8　全国の幼稚園数の推移（学校基本調査各年5月1日現在）

平成 21 年	平成 22 年	平成 23 年	平成 24 年
1,630,336	1,605,912	1,596,170	1,604,225

表9　全国の在園児数の推移（学校基本調査　各年5月1日現在）

平成 21 年	平成 22 年	平成 23 年	平成 24 年
110,692	110,580	110,402	110,836

表10　全国の幼稚園教諭の数の推移（学校基本調査　各年5月1日現在）

(3) 保育士が足りない

　全国の保育所数は右肩上がりに増えていることもあり、保育士のなり手が不足している。平成26年8月に厚生労働省がまとめたレポートによると、平成24年度の保育士の新求人倍率は1.55倍で、求職した保育士の就職率は39.5%、求人数に対する充足率は25.6%となっている。保育士で構成される日本保育士協会が会員の民営保育園に調査した結果によると、約7割の保育園で、「求人を出しても応募がない」と答えている。

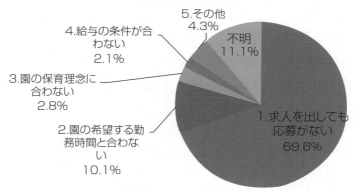

図1　保育士確保の困りごと（日本保育士協会調査より抜粋）

　厚生労働省では、平成29年度末までに保育育量の拡大に必要な保育士数は46万人と試算している。一方、離職率を考慮して推計された全国の保育士数は38.6万人と推計し、平成29年度末には差引7.4万人の

保育士が不足すると試算している。保育士の確保が国を挙げての課題になっている。先の全国の保育士数が約35万人、保育士登録をしている保育士が平成26年4月現在で、1,246,352人となっている。粗い試算ではあるが、差引で約90万人が有資格でありながら保育園で働いていない、いわゆる「潜在保育士」であることが推察される。

厚生労働大臣のメッセージや動画の作成などで、これまでも「潜在保育士」の掘り起しに取り組んできた厚生労働省では、8月に「保育人材確保のための『魅力ある職場づくり』に向けて」をまとめ、保育団体等を通じて保育士確保のためのキャンペーンを行っている。その資料によると指定養成校卒業者のうち、毎年、約半数は保育所に就職していない。

また、保育士資格を持ち、ハローワークへの求職者の約50％が、保育所での就職を希望していない。主な理由として、責任の重さ・事故への不安、就業時間が希望と合わないなどとされている。あわせて、早期離職の傾向も指摘されている。保育士として働いたが退職し、ハローワークにおいて保育士としての就職を希望しない求職者の勤続年数を調査したところ、50％以上が5年未満で退職している。

加えて、保育士は他の事業と比べても賃金が低いとの調査結果もある。平成24年度賃金構造基本統計調査（全国）によると、全職種の平均月額給与39万円に対して、保育士は26万円となっている。この差を単純に先の35万人保育士数×12月で試算すると、全職種の平均レベルに至るには約5,500億円の追加予算が必要になる。この追加予算額が低いか高いかは、社会の保育に対する理解に依るところが大きい。社会に対する保育の理解を深めることで、保育の専門職として保育士の社会的地位、処遇の向上が望まれる。

また、ここでは詳述しないが、大学全入時代を迎え、各地の養成校では学生の確保に苦心している。そのため、養成校に入学してくる学生の

保育に対するモチベーションの低さを指摘する養成校教員も少なくない。また、先の日本保育士協会調査によると、自園の保育にマッチした人材を採用したくても、選ぶことができずに応募した保育士を採用するしかないなど人材確保に苦慮している保育園も多い。保育士養成教育のさらなる質の向上、保育現場における保育士育成、保育者養成校と保育現場が連携しての保育者育成がますます重要となっている。

3 保育教諭と幼保連携型認定こども園教育・保育要領

　保育教諭が保育を行う際には、幼保連携型認定こども園教育・保育要領（以下、認定こども園教育・保育要領）に基づいた保育を行わなければいけない。

　認定こども園教育・保育要領は、認定こども園法第10条に基づき、幼保連携型認定こども園の教育課程その他教育及び保育の内容に関する基準として策定された。「幼保連携型認定こども園保育要領（仮称）の策定に関する合同の検討会議（座長・無藤　隆白梅学園大学子ども学部教授兼子ども学研究科長・秋田喜代美東京大学大学院教育学研究科教授）」において、平成25年9月〜平成26年3月の間、6回にわたって検討された。

　策定に当たっての基本的な考え方は、

① 　幼稚園教育要領及び保育所保育指針との整合性の確保
・幼稚園教育要領及び保育所保育指針において、環境を通して行う教育及び保育が基本とされていることを踏まえ、幼保連携型認定こども園においても環境を通して教育及び保育を行うことを基本としたこと
・教育及び保育のねらいや内容等については、健康、人間関係、環境、言葉、表現の五つの領域から構成するものとしたこと

② 小学校教育との円滑な接続に配慮
・幼保連携型認定こども園における教育及び保育が、小学校以降の生活や学習の基盤の育成につながることに配慮し、乳幼児期にふさわしい生活を通して、創造的な思考や主体的な生活態度などの基礎を培うようにしたこと
・幼保連携型認定こども園の園児と小学校の児童の交流の機会を設けたり、小学校の教師との意見交換や合同の研究の機会を設けた
③ 幼保連携型認定こども園として特に配慮すべき事項の明示
・0歳から小学校就学前までの一貫した教育及び保育を園児の発達の連続性を考慮して展開していくものとしたこと
・園児の一日の生活の連続性及びリズムの多様性に配慮するとともに、保護者の生活形態を反映した園児の在園時間の長短、入園時期や登園日数の違いを踏まえ、園児一人一人の状況に応じ、教育及び保育の内容やその展開について工夫をするものとしたこと。特に、入園及び年度当初は、生活の仕方やリズムに十分に配慮するものとしたこと
・教育及び保育の環境の構成の工夫について、満3歳未満の園児と満3歳以上の園児それぞれ明示したこと

である。幼稚園教育要領と保育所保育指針を踏まえること、入園時期の違いや保育時間の長短に配慮すること、学校教育機関としての小学校との連携などに特に配慮することとされた。平成26年4月30日に告示された。あわせて、詳細な認定こども園教育・保育要領の解説書も策定されている。

3　拡がる保育・子育て支援の場

4　保育教諭になるには

（1）保育士・幼稚園教諭になるには

　まず、保育園で働くには保育士資格が、幼稚園で働くには幼稚園教諭免許状が、それぞれ必要になる。保育士資格を取得するには、
①厚生労働大臣の指定する保育士を養成する学校その他の施設で所定の課程・科目を履修し卒業する。
②または（2）保育士試験に合格する。
の2つの方法がある。①の指定養成校には、専門学校、短期大学、四年制大学がある。指定養成校を卒業すれば無試験で保育士資格は付与される。②の保育士試験については、指定養成校以外の大学、短期大学の卒業生、または高校卒業・中学卒業生でも一定の現場経験があれば受験が可能となっている。一般社団法人全国保育士養成協議会が保育士試験の実施を都道府県より受託し、年に1回、8月上旬に全国一斉に実施されている。1次の筆記試験が、保育原理、教育原理、社会的養護、児童家庭福祉、社会福祉、保育の心理学、子どもの保健、子どもの食と栄養、保育実習理論、すべての筆記試験に合格すると、2次の実技試験が、音楽表現に関する技術、造形表現に関する技術、言語表現に関する技術のうちの2科目選択となっている。幼稚園教諭免許保有者は申請することで、うち「保育の心理学」、「教育原理」と「実技試験」の受験が免除される。

　また、都道府県が保育士試験を年2回実施し、2回目の試験の合格者に3年程度、その都道府県内だけで働ける、「地域限定保育士」の来春からの導入も検討されている。

　幼稚園教諭免許は、専修（大学院）、1種（4年制大学卒）、2種（短

期大学・専門学校）の３つに分かれている。各学校を卒業すれば免許は付与される。取得要件の違いにより区分されるが、職務上の差異はない。保育士として３年以上の実務経験がある場合は、幼稚園教員資格認定試験を受験できる。年に１回、９月上旬に筆記による１次試験が実施され、教職に関する科目Ⅰ・Ⅱを受験する。１次試験に合格すると２次試験に進み、教職に関する科目Ⅲ・指導案の作成に関する試験を受験する。

（２）保育教諭になるには

　では、保育教諭にはどうしたらなれるのだろうか。現在でも幼稚園教諭免許・保育士資格の両方を取得済みであれば問題はない。問題になるのは保育者がどちらか一方の免許・資格しかなく、かつ、幼保連携型認定こども園で働く保育者になる。その場合、平成27年４月からの５年間の期間内にどちらか一方を取得しなければならない。

　国全体でみると、幼稚園に勤務する幼稚園教諭のうち保育士資格所有者の割合は75％（平成22年５月　文部科学省調査）、保育所に勤務する保育士のうち幼稚園教諭免許所有者の割合は76％（平成22年10月　厚生労働省調査）、それぞれ１／４の保育者がどちらか一つの免許資格しか保有していない。つまり幼保連携型認定こども園に移行すると、約１／４の保育者たちは幼保連携型認定こども園では働けないことになる。

　そのため、厚生労働省と文部科学省ではそれぞれ、幼稚園教諭免許と保育士資格のどちらか一方しか持たない保育者に対しては、資格取得の特例措置を設けた。厚生労働省では「保育士養成課程等検討会」（座長：汐見　稔幸白梅学園大学学長）の場で、文部科学省は「幼稚園教諭の普通免許状に係る所要資格の期限付き特例に関する検討会議」（主査：無藤　隆）」で、それぞれ検討された。

　今回の特例措置では、幼保連携認定こども園で働く幼稚園教諭、保育

士はこの5年間の猶予期間に取得する際は今までの勤務実績が加味されて、より取得がしやすいように、次のような軽減措置が取られている。

保育士が幼稚園教諭免許を取得する場合	幼稚園教諭が保育士資格を取得する場合
1．保育士としての勤務経験が3年かつ4,320時間 　ただし、認定こども園、認可保育所、幼稚園併設型認可外保育施設、へき地保育所、「認可外指導監督基準」を満たす認可外保育施設に限る。 2．大学等での単位取得（8単位） ・教職の意義及び教員の役割・教員の職務内容　2単位 ・教育に関する社会的、制度的又は経営的事項　2単位 ・教育課程の意義及び編成の方法　1単位 ・保育内容の指導法、教育の方法及び技術　2単位 ・幼児理解の理論及び方法　1単位	1．幼稚園教諭としての勤務経験が3年かつ4,320時間 2．大学等での単位取得（8単位） ・福祉と養護　2単位 ・保健と食と栄養　2単位 ・乳児保育　2単位 ・相談支援　2単位

表11　特例措置の比較

第7章 子ども・子育て新制度と保育者

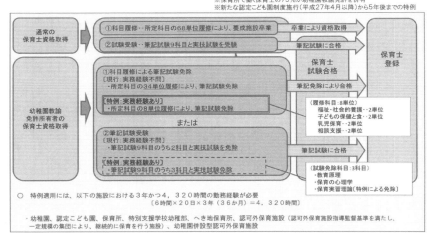

図2　保育士資格取得の特例の概要（厚生労働省資料より）

　それぞれの特例講座については、保育者養成校が開講している。幼稚園教諭免許を有する保育士の資格取得特例の開講状況は、厚生労働省ホームページに、保育士資格を有する幼稚園教諭の免許取得特例の開講状況は文部科学省ホームページに情報が掲載されている。

　講座の受講にあたっては有料となるが、そうした片方の免許・資格しか持たない保育者を対象に、幼稚園教諭免許・保育士資格の取得を支援するために10万円を上限にした自治体からの補助がある（保育教諭確保のための幼稚園免許取得支援事業、保育教諭確保のための保育士資格取得支援事業）。勤務している幼保連携型認定こども園（もしくは移行予定の園）を経由して自治体に申請し、養成校などで資格を取得したのち、1年間の勤務実績を経て保育者個人に支給されることになっている。

希望者はこの5年間の猶予期間に申請することとしている。

保育教諭には教員免許更新制が適用されることになる。新制度施行後の5年間については経過措置期間で、幼保連携型認定こども園に勤務する幼稚園教諭免許状を保有している保育士については、経過措置期間内は保育教諭として働けるが、経過措置期間内に更新手続きが必要になる。ただし、この5年間の経過措置期間内に更新しない場合は、幼保連携こども園で働く2か月前までに幼稚園教諭免許状を更新申請すれば勤務できる。また、免許更新講習規則の改正により、幼稚園教諭免許を保有している保育所の保育士が、幼稚園免許状更新講習を受講できるようになった。

5 子育て支援員（仮称）制度とは

（1）子育て支援員（仮称）の概要

保育教諭とは直接関係がないが、子ども・子育て新制度の流れの中で、子育て支援員（仮称）制度が検討されている。特に保育士資格に与える影響も大きいと思われるので、ここで詳述したい。

子ども・子育て新制度では、利用者支援、小規模保育、家庭的保育、ファミリー・サポート・センター、放課後児童クラブ、地域子育て支援拠点等の事業について、新たに子ども・子育て支援法に基づく給付又は事業と位置付けられた。また、社会的養護の充実については、より家庭的な養育環境の整備を推進することとなった。

これらの事業等の拡大に伴い、従事する人材の確保が必要となった。そのため、子育て支援分野に従事するために必要となる研修を実施した上で、当該研修を修了した者を認定し、子育て支援分野での活躍を目的とした、子育て支援員（仮称）研修制度を創設することにした。26年5

月28日に首相官邸で開かれた第4回　産業競争力会議課題別会合で田村憲久厚生労働大臣（当時）が公表した。保育士不足の解消が主な狙いであるが、一方では女性の就労の場の確保も視野に入れている。

　政府は何度か保育業務の補助をする「準保育士」制度の検討を提案していたが、当時は保育団体などからの反対があり実現には至らなかった経緯もある。この子育て支援員（仮称）は「保育士」の名称を使わず、また、働くことができる場も限定されている。

（2）子育て支援員（仮称）の研修制度

　本研修制度の検討には、平成26年8月より、子育て支援員（仮称）研修制度に関する検討会（座長：汐見稔幸白梅学園大学学長）が設置され、26年の11月には検討結果を報告することとしている。
　主な検討の内容は、
① 　子育て支援員（仮称）研修の具体的な内容（研修カリキュラム・時間の検討）
② 　①のほか、子育て支援員（仮称）の制度化に向けて専門的な検討を要する事項

が検討されることとなった。

　その内容について、第1回検討会資料にある体系イメージを見ると、共通の基礎研修を10時間に加えて、放課後児童コースと社会的養護コースがプラス5時間、保育コースがプラス10～15時間、相談援助コースがプラス5～10時間となっている。厚労省がまとめたものが以下の図である。それぞれ20～25時間で資格取得が可能となっている。

　研修会の実施主体は都道府県または市町村で、受講対象者は子育て経験のある主婦を想定している。

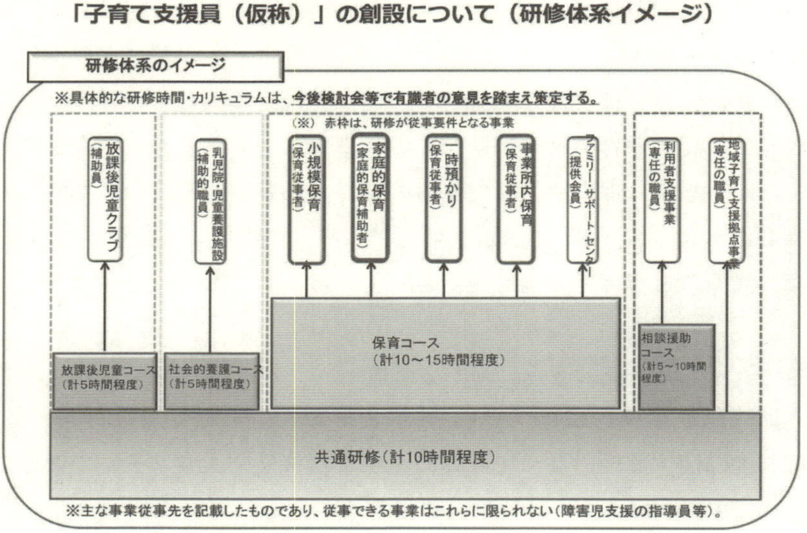

3 拡がる保育・子育て支援の場

「子育て支援員（仮称）」の創設について（研修体系イメージ）

研修体系のイメージ

※具体的な研修時間・カリキュラムは、今後検討会等で有識者の意見を踏まえ策定する。
※　赤枠は、研修が従事要件となる事業

- 放課後児童クラブ（補助員）
- 乳児院・児童養護施設（補助的職員）
- 小規模保育（保育従事者）
- 家庭的保育（家庭的保育補助者）
- 一時預かり（保育従事者）
- 事業所内保育（保育従事者）
- ファミリー・サポート・センター（提供会員）
- 利用者支援事業（専任の職員）
- 地域子育て支援拠点事業（専任の職員）

放課後児童コース（計5時間程度）／社会的養護コース（計5時間程度）／保育コース（計10〜15時間程度）／相談援助コース（計5〜10時間程度）

共通研修（計10時間程度）

※主な事業従事先を記載したものであり、従事できる事業はこれらに限られない（障害児支援の指導員等）。

図3　子育て支援員（仮称）の研修体系イメージ

（3）子育て支援員（仮称）の課題

　現在各コースに分かれて検討がされているところで、詳細な全体像は明らかになっていないが、現時点で考えられる課題について考えてみたい。

① 処遇に関して

　他業種と比べて高くないことが課題となっている保育士給与の下に、こうした資格を設定することは、有資格の保育士の処遇のさらなる低下を生むことにならないか。

② 保育士として

　子どもを預ける親の側から見れば、有資格の保育士なのか、無資格の子育て支援員なのか、その区別がつきにくい。保育の現場において有資格の保育士と無資格の子育て支援員での保育業務をどう区別する

か

③ 保育士養成の課題

　国が示した検討会の第1回資料の中では、「更に意欲のある方には、保育士、家庭的保育者、放課後児童支援員を目指しやすくする仕組みを検討。　具体的には、「子育て支援員（仮称）」と認定された者について、

　　・保育士試験を受験するために必要な実務経験にカウントする
　　・家庭的保育者・放課後児童支援員として従事するために必要な研修の一部を免除する等を今後検討」とされた。

保育士養成に2年間で68単位、年間で100万円程度の学費が必要になることを考えると、子育て経験プラス25時間の研修で子どもの保育ができ、子育て支援員の実務経験が認められて、その後の保育士資格の取得に道筋をつけられるとなると、保育者養成学校に学生が集まらなくなる可能性はないか。そうした場合、保育士の専門性が危ぶまれるのではないか。

などが課題として考えられるのではないか。限られた時間の中での検討ではあるが、保育士資格を含めた保育者の資格の全体像や業務内容の整理などを含んだ、慎重な議論を望みたい。

6 保育教諭～これからの課題

（1）保育者の給与はどうなるか

　市町村の確認を受けた施設・事業は、公定価格により財政支援を保障される。公定価格は教育・保育、地域型保育に通常要する費用の額を勘案して内閣総理大臣が定める基準により算定した費用の額となっている。

公定価格の単価設定に当たって、多くの割合を占める主な職員に係る人件費については、以下のとおり設定されている。

	人数	人件費（年額）
園長	1名	約440万円
主幹	1名	約410万円
幼稚園教諭	3歳児 20：1 4歳以上児 30：1	約340万円

表12　公定価格における幼稚園教諭の人件費内訳
（文部科学省資料を基に筆者が加筆）

	人数	人件費（年額）	現在比※
園長	1名	約440万円	約9％増
主任保育士	1名	約410万円	約7％増
保育士	乳児　　　 3：1 1、2歳児 6：1 3歳児 20：1 4歳以上児30：1	約340万円	約5％増

※　福祉職俸給表を基に試算

表13　公定価格における保育士の人件費の内訳
（文部科学省資料を基に筆者が加筆）

　表のようにわずかではあるが算定基準は上げられた。ただ、それでも他職種と比較して低水準であることは否めない。前述のとおり、全職種の平均月額給与39万円に対して、保育士は26万円、幼稚園教諭も28万円と10万円以上低い（賞与含む）。筆者は保育士と日ごろ接することが多いので、ここでは保育士としてのお話しをするが、保育士は法定資格であり、子どもの保育の専門職である。集団の保育の場では、保護者の育児とは違った保育の専門性が求められる。専門職として誇りを持って働ける給与のための予算の確保を望みたい。

（2）研修時間の確保と体系づくり

　多くの保育所は開所時間が長く、そのほとんどに子どもが在所するため、保育の準備や園内外の研修機会の確保には頭を痛めている。平成27年度の国の予算では幼保連携型認定こども園、保育所とも研修の充実として「研修機会確保のための代替要員費を追加　保育士一人あたり年2日」とされた。これで十分か否かは現場の受けとめ方によるのかもしれない。前述したとおり、保育教諭になれば、幼稚園で実施している更新講習の受講も求められる。繰り返しになるが、専門職としての研修は欠かせない。自身で学ぶこともももちろん大事ではある。だが、保育士の処遇が上がらない一つの原因が個々の研修の受講履歴が積み重ならない点にあることも否めない。保育士の研修は保育現場と保育者養成校との連携が欠かせない。養成課程も視野入れた、体系だった内容を持ったスキルアップ研修の仕組み、とキャリアアップが連動した仕組みづくりが国、保育業界をあげて望まれる。

（3）保育士の国家資格化

　上記二つの保育教諭の「給与等、処遇の向上」と「専門職としての社会的地位の向上」のために筆者から一つの提案がある。この際、保育士資格の国家資格化、国家試験化を望みたい。現在、保育士資格は都道府県知事が認定し、児童福祉法に規定されている法定資格である。養成校を卒業すれば資格が付与される。また、厚生労働関係の他の資格と違って、独立した法律、保育士法のようなものがない。社会福祉士、介護福祉士、精神保健福祉士などは、保育士資格よりも後発ではあるものの、根拠法もあり、国家資格としての社会的な認知度も高い。（介護福祉士の国家試験は延び延びになってはいるが。保育士と同じような構造上の課題があるのかもしれない）

また、保育者養成課程保育者養成のスリム化と高度化の観点からの幼稚園教諭免許と保育士資格の一本化、幼稚園教育要領と保育所保育指針、認定こども園教育・保育要領の一本化なども、今後の検討課題として付記しておく。

(4) 待機児童と保育者

今回の新制度で新たに 7,000 億円の予算がつくことは、待機児童と少子化が追い風になっていることは間違いない。厚生労働省の待機児童解消加速化プランでは、保育ニーズは平成 29 年度末にピークを迎えると試算している。すると、現在は増加傾向にある全国の保育所数、入所児童数も減少に転じ、保育所不足、保育士不足も緩やかに解消されることになる。そうなってから、保育士の社会的地位向上、処遇の改善を訴えても、改めて国や世論を動かすことは難しい。さらなる保育環境の充実に向けて、保育関係者各位で限られた時間を有効に使いたい。

参考図書

無藤隆・北野幸子・矢藤誠慈郎 (2014)『認定こども園の時代 – 子どもの未来のための新制度理解とこれからの戦略 48』ひかりのくに.

前田正子 (2014)『みんなでつくる子ども・子育て支援新制度 – 子育てしやすい社会をめざして –』ミネルヴァ書房.

猪熊弘子 (2014)『子育てという政治 – 少子化なのになぜ待機児童が生まれるのか？』角川 SSC 新書

エデュカーレ　2014 年 1 月号　P19 ～ 21　臨床・育児保育研究会発行

エデュカーレ　2014 年 9 月号　P49 ～ 53　臨床育児・保育研究会発行

保育士不足が保育現場に与える影響についての調査報告書 (2014) 日本保育士協会

終章 子ども・子育て支援新制度の実施に向けて
——今後の流れと課題

❶ 施行を前に広がる期待と不安

　保育制度や子育て関連の施策を束ねて一つの制度に再編した子ども・子育て支援新制度が、2015年度からいよいよ動き出す。この新制度には、メディアでも「保育所待機児童の解消策」とか「少子化対策」などとさまざまな形容詞が付けられているため、いったいどういう制度なのかが肝心の子育て家庭や子育てのステークホルダーたちにはあまり伝わっていない。

　子どもの出生数や人口が減少する少子化の問題だけでなく、児童虐待や育児不安、産後うつなど子育てにかかわる深刻な事態が広がるなか、子どもの成長や子育てを下支えする政策の強化と拡充が急務になっている。こうした現状を憂い、子育て政策の強化を以前から訴えてきた人々の間では、私も含めて、子育ての施策全般に大幅な転換をもたらす新制度の始動に対し大きな期待がある。何よりも、消費税を現在の5％から10％へ引き上げることに伴い捻出される税財源の一部が、子どものための投資として恒常的に投入されることになれば、政策の質と量に大きな変化をもたらすだろう。子育て政策の強化・拡充に30年程前から取り組んできた欧州主要国にかなり遅れをとったものの、日本でもようやく新たな時代の幕開けを迎えることになる。

　ところが、こうした新制度の画期的な側面が、一般の子育て家庭のみ

ならず、保育や幼児教育にかかわる関係者や子どもにかかわる行政を担う自治体担当者にさえあまり知られておらず、理解が進んでいるとはいい難い。むしろ、本格施行が2015年春に迫り、様々な準備に忙しく追われる関係者には、「どうしてこんな混乱に巻き込まれなければならないのか」「これで何がよくなるのかさっぱりわからない」などと困惑する声が広がっている。期待よりも、不安や反発の方が広がっているようにさえ見うけられる。

　日本の保育や幼児教育の制度は終戦直後に制定されてから60年以上たつが、これまで一度も本格的な修正を加えられたことがなかった。それだけに、現場の関係者には未経験の改革に巻き込まれる戸惑いや抵抗感が小さくないのはやむをえないのかもしれない。

　しかし、日本は今、かつてない劇的な社会的変化の入り口に立っている。出生率の低迷が長年続いた結果、社会に占める高齢者人口の割合は世界一高くなり、世界で最も深刻な超少子・高齢社会となりつつある。どの国も経験したことのない未曾有の変化に足を踏み入れた日本では、子どもや若者の姿が消えつつあり、地方の自治体では「消滅可能性」がささやかれ、国全体でも経済活力や社会制度の維持が怪しくなりつつある。危機的な現状が改めて認識されるようになり、安倍政権は総力を挙げて、出生率の上昇と人口の維持、地域社会の存続を目指してかつてない対策に乗りだすことを宣言した。

　日本が直面する危機的状況の震源は、出生率の低迷が放置されてきた少子化問題にある。国が人口減少を食い止め、「2060年頃にも人口1億人維持」を目指して対策に乗り出すというなら、それはおそらく、新制度では実は中途半端になっている少子化の課題を改めて洗い出し、もう一段の子育て政策の強化と拡充に取り組むことになるだろうと予想している。日本に広がる「産みにくい、育てにくい社会環境」の改善を急ぎ、

終章　子ども・子育て支援新制度の実施に向けて——今後の流れと課題

この社会に生まれてくる全ての子どもたちに健やかに育つ環境を保障することをおざなりにして、この国の総人口の維持も活力の維持もありえないからだ。

　新制度に込められた改革の意味を理解し、残された課題を確認しておくことは、子どもたちと社会の未来を守るために欠かせないことだと思う。

2 子ども・子育て支援3法は「奇跡の果実」

　子ども・子育て支援新制度にはどういう意義があるのか。それを認識するにはこの制度が作られたプロセスを思い返す必要がある。

　新制度の中身を最終的に確定したのは、与野党にまたがる自民、公明、民主の主要3政党だった。当時の与党だった民主党と、野党だった自民・公明両党は国会で厳しく対立しながらも、2012年6月、消費税の10％への引き上げとその増税分の財源を用いた社会保障制度改革を同時に実施していく「税と社会保障一体改革」で合意にこぎ着けた。この一体改革の第一の項目に「少子化対策」が掲げられ、子育て政策が初めて社会保障政策の主要な柱の一つに位置づけられた。

　同年8月、一体改革の関連法案とともに「子ども・子育て支援3法」が国会で成立したのも、この3党の協力関係が何とか維持されたからこそだった。

　年金、医療、介護などの社会保障の給付総額は高齢化とともに年々増大しており、税と社会保険料でまかないきれない不足分を赤字国債という形で将来世代へつけ回しすることが常態化してきた。主要政党はこれまで、増税に国民の理解を得るのは難しいと考え、問題の先送りを続けてきた。そうしたなか、2011年9月から内閣を率いた野田首相は、民

主党内の慎重論を押さえつつ民主党政権として「税と社会保障一体改革」を推進し、ついに野党の自民、公明両党と組んで「消費税の5％から10％への引き上げ」と「社会保障制度の改革」を一体で行うことで合意にこぎ着けたのだった。薄氷を踏むような政策協議を重ねた末、社会保障改革の目玉として少子化対策の分野でも3党は政策合意にたどり着き、それが「子ども・子育て支援3法」と「子ども・子育て支援新制度」だった。

　国民の反発が避けられない増税という選択と引き換えに、民主党は政権の座から下りることになった。膨大な政治的エネルギーが費やされて初めて、子育て政策は長年の懸案だった財源確保と施策の強化拡充に踏み出せることになったのだった。

　子ども関連の施策は、「児童手当」と「子ども手当」の迷走が象徴するように、ともすると政党間の駆け引きの材料とされる不幸な状況が続いてきた。当事者である子どもや子育て家庭の幸福と利益は、政策を決める際に第一に考慮されるべきものだが、そうではない状況があった。そうしたなか、与野党の主要政党が協力して作り上げた新制度には、「子育て政策を今後は『政争の具』にしない」という政党間の約束が含まれている。各政党が党利党略で子育てのサービスを競う状況にピリオドを打ち、「全ての子どもと子育て家庭の最善の利益」のために政策を実行する政治的な舞台がようやく整えられたともいえる。日本では、社会保障政策をめぐる超党派の連携や協議が難しく、いきおい他党の政策を攻撃する際の道具に使われることが起きている。なかでも、子どもの施策は政党の姿勢をアピールする公約の素材にされやすく、駆け引きで翻弄される様を見せられてきただけに、3党の関係者の努力で合意形成にたどり着いた新制度という政治的成果については、やや大げさな表現を用いるなら、ようやく実った「奇跡の果実」だと考えている。

終章　子ども・子育て支援新制度の実施に向けて——今後の流れと課題

【第四の柱】

　税と社会保障の一体改革で、子育て政策が社会保障の柱の一つに位置づけられたことは、政策分野としての「子ども・子育て」に大きな変化をもたらすものだ。しかし、残念ながらこの点も理解が広がっているとは言い難い。

　日本の社会保障制度は、大戦後、年金制度や医療制度を中心に発展してきた。さらに、1990年代から社会問題となった高齢化への対応として、介護保険制度が2000年から導入された。日本の社会保障制度には、税金だけでなく、国民から助け合い資金を集める方法として社会保険が用いられており、社会保障の主要3政策と位置づけられてきた年金、医療、介護には社会保険で徴収された拠出金が主な財源として充てられてきた。

　社会保険の制度と安定した財源に裏打ちされた年金、医療、介護の主要3政策は、サービス量の増加とともに給付総額が年々増えてきたのに対し、保育や社会的養護、地域子育て支援、生活保護といった税金でまかなわれている一般施策は、毎年度の予算編成の度に予算削減の圧力にさらされ、施策を伸ばすことは難しいのが現状だった。保育所の待機児童が深刻な社会問題となっても、児童虐待で家庭から保護された子どもたちを収容した児童養護施設の生活環境が好ましい水準でなくても、「予算がないから」という理由で施策を強化・拡充することは見送られてきた。

　その結果、高齢化による圧力で、社会保障給付費の総額は既に年間100兆円を超える規模にまで膨らんでいるが、増えているのは「高齢3経費」と呼ばれる年金、（老人）医療、介護の3分野に限られ、子ども・子育ては増えてはいても微々たる変化にとどまっていた。社会保障給付全体の使われ方を見ると、約7割が高齢者に使われているのに対し、子

ども・子育てにはわずか4％という大きなギャップがある。欧州の福祉先進国では高齢化が同じように進んでいるにもかかわらず、「子ども」への給付が日本の3、4倍くらいを占めており、「高齢者」と「子ども」の間にこれ程の格差はみられない。日本でなかなかこの格差が改善されなかった背景には、財源構成の根本的な違い、つまり、子ども・子育ての政策には社会保険のような安定した財源がなく、毎年度の税収に左右されてしまう財政的脆弱さがあった。

　そうしたなか、一体改革により「少子化（子育て）」が社会保障の4つ目の主要政策に位置づけられ、新たな「社会保障4経費」と呼ばれるようになった。この変化は、子育て政策にとっては、これまでの財源面の弱さからくる劣勢をようやく抜け出すチャンスが来たことを意味している。新制度の財源は、年金や医療のような社会保険ではなく消費税財源に頼るという違いはあるが、それでも安定財源という力強い裏打ちを得て、重要政策の一つとして発展する足場を確保したといえる。恒久的な財源を得て、恒久的な制度として再編されたことで、従来のように国や自治体の顔色を伺い、毎年度の予算編成の雲行きを心配しながら補助金の増減に一喜一憂することからも解放される。この財源面の変化だけをとらえても、新制度にいかに画期的な意味合いがあるかがわかってもらえるのではないかと思う。

3 改革の狙い――「戦後システム」からの卒業

　2012年夏の自民、公明、民主3党の合意によって誕生した子ども・子育て支援新制度だが、長く国の少子化対策の取り組みを見てきた立場から、この新制度の最初の出発点は2004年の少子化社会対策大綱にあったと考えている。

終章　子ども・子育て支援新制度の実施に向けて――今後の流れと課題

　「すべての子どもの育ちを社会全体で支える」という考え方を明記した大綱が閣議決定され、内閣の正式な意志決定を経た政策として「子育てを社会全体で支える」という理念を明確にした。ただ、子育ての負担を社会全体で応援しようという考え方は理念の部分にとどまり、実際の施策の展開ではさほど生かされなかった。

　子育てを社会全体で支える理念は、「子育ての社会化」と呼ばれることもある。子育てという営みを家族だけの責任にとどめるのではなく、社会とのつながりの中でとらえ直し、地域共同体や社会全体も支援の責任を共有するあり方を志向するものだ。この理念を具体化することは、子どもや子育て家庭への支援施策を強化・拡充することにつながる。保育や子育て支援のサービスについては利用の対象を大幅に広げ、普遍化していくことが求められる。そのためには、もちろん、新たな財源の獲得が欠かせない。だが、大綱が策定された当時は、理念については否定しないものの、まだ、政府にも与党にもこうした理念を施策として展開していくための準備や覚悟はなかった。

　それから十年が経過し、少子化社会対策大綱で掲げられた理念が、新制度という形でようやく具体化されることになった。新制度は、長年の宿題にようやく回答が見つかったという点で大きな前進となる。だが、足踏みしていた十年の間に、出産や子育てをめぐる状況は一層深刻化した。出生率は低迷したままで、子どもの人口の減少が続いたことでついには総人口も減少期に入った。子どもを産み育てる若い世代の間では、非正規労働などの不安定な雇用が増えて、将来の展望を持ちにくくなっている。経済格差が広がり、子どもの貧困の問題も顕在化している。子どもや子育てをとりまく時代環境がますます厳しくなるなか、子育てを支えるはずの各制度においては制度疲労が顕著になった。

　例えば、保育所については「待機児童ゼロ作戦」を2001年に小泉政

権が掲げてから13年も経過したが、いまだに待機児童問題は深刻なままだ。安倍首相も昨年、「待機児童解消加速化プラン」を打ち出し、国でも地方自治体でも保育の定員拡充に懸命に取り組んでいるが、2014年春も全国で2万人以上の待機児童が発生した。従来の保育制度の枠組みでは解決できないほど保育ニーズは増え続けており、社会の変化に対し制度が対処不能になっている。

　幼稚園の定員割れ問題も全国に広がる。定員割れの幼稚園は少子化に直撃されて増える一方で、この10年で約1,000園が統合も含めて廃園した。園児数もピークだった1978年には249万8,000人に上ったが、年々減っており、現在155万7,000人となっている。

　保育所と幼稚園に起きている需給ギャップは、起こるべくして起きている。どちらも、敗戦後の復興期から高度経済成長期にかけて、家庭や社会が大きく変化した時代に作られた施設類型だ。夫婦が共働きせざるをえない農業や自営業の世帯と、家事・育児に専念できる専業主婦がいるサラリーマン世帯という、2タイプの世帯の棲み分けを前提としていた。しかし、制度が作られてから半世紀以上がたち、産業構造も家族の様相も様変わりし、世帯のタイプは2類型には収まらなくなっている。専業主婦だった母親でも夫の失業や転職、離婚などで働き始める人もいるし、働いていた女性が離職して専業主婦になり、起業して仕事を再開することもある。親の就労の変化で施設を移らなければならない子どもは、同じ地域で暮らしているのに、仲間や先生との関係をその都度寸断されることになる。戦後に作られた施設類型が、子どもや家庭の現実にそぐわなくなっている。

　日本の児童福祉は、終戦直後に大量に発生した戦災孤児や浮浪児を救済するために整備されたのが始まりだ。孤児や浮浪児を収容して衣食住を提供した児童養護施設と並んで、保育所は、父母がともに働いて稼が

終章　子ども・子育て支援新制度の実施に向けて——今後の流れと課題

なければならない困窮家庭を助ける対策として、児童福祉の柱の一つとなってきた。だが、保育制度の根本が今も「救貧対策」であることが、女性の就業継続が一般的になっている時代に合わなくなっている。「保育に欠ける」要件を満たす家庭か否かで選別し、「困窮」の要件に合う家庭だけに限定的に保育の利用を認める保育制度の選別主義が、保育ニーズの広がりに対応できなくなっており、待機児童の大量発生を招いている。また、「救貧対策」という性格上、重視されにくかった就学前教育の取り組みに対し、今の保護者たちは不安や不満を隠さなくなっている。

幼稚園はどうか。幼稚園は、母親が専業主婦である家庭の子ども向けに作られた就学前教育の専門機関だが、1日の保育時間が4時間と短い点が今の子どもには合わないと指摘されるようになっている。子どもの数が減り、地方でも都市部でも、自宅近辺で同年代の子と気軽に集まり自由に遊ぶことが非常に難しい時代になった。特に学校に通う前の幼い子どもたちに、仲間と群れて遊ぶ体験をさせたければ、親同士が連絡を取り合って機会を作り、自動車などで送迎するか、幼稚園か保育所のように多くの子どもが集まる場に行くしかないというのが日本の現実だ。そうしたなか、幼稚園で過ごす時間が昼過ぎまでの原則4時間となっていることについて、子ども同士で十分に遊び込むには時間が足りず、ケンカや仲直り、集団遊びなど通して社会性を身に着けるには不十分であることが幼稚園関係者からも指摘されている。

保育所も幼稚園も、戦後まもない時期に形成された子どものための戦後システムといえるが、半世紀以上にわたり維持されてきた結果、家庭や社会環境との齟齬を生じ、制度疲労を起こしている。この現実を直視するなら、新制度が目指す改革とは、「戦後型保育」「戦後型幼児教育」からの卒業であるということが理解してもらえるのではないか。保育や

幼児教育の分野で育んできたノウハウや蓄積を否定したり破壊したりするのではなく、「戦後システム」を総点検し再編したうえで、新たな時代に合ったシステムとして再出発させることに新制度の真の意図があると理解している。

4 基本の理念は「全ての子どもの育ちを社会で応援」——

　「戦後システム」から卒業するといっても、さて卒業してどちらの方角へ向かえばいいかがわからない、一歩を踏みだしたくても踏み出せない——。従来から保育所や幼稚園の運営にかかわってきた人たちの多くが今、新制度に対し抱いている思いの根底にはこうしたジレンマがあるように思う。

　「これまで保育所の標準時間だった『8時間』を新制度で『11時間』に伸ばしたのは、子どもより大人の利益や経済活動を優先させたためだ」「保育時間を長くして保育施設も増やして、保護者の施設依存を高めるだけではないか」。こういった批判を、事業者の方々にお会いすると聞くことが多い。こうした批判は、今回の制度改革で貫かれている理念が鮮明になっていないため、つまり、改革を推進する国の意図が国民全体へ明確に伝えられていないために、不幸にも広がってしまっている不信感だと思う。

　これは、新制度が、2012年夏に子ども・子育て支援3法として国会で成立した時の政治状況の複雑さから理念を鮮明にできなくなってしまった事情に由来している。新制度が検討されてきたプロセスを溯ると、民主党政権が2010年1月に閣議決定した「子ども・子育てビジョン」にその原型がある。この時、「子ども・子育てビジョン」が掲げていた制度改革の理念は明確だった。「家族や親が子育てを担う」とされて子

終章　子ども・子育て支援新制度の実施に向けて——今後の流れと課題

育てが若い親や家庭に加重な負担となっている現状を改めようと、「社会全体で子育てを支える」という理念を明記していた。そのうえで、希望する将来の子ども数は「2人」とか「3人」なのに、実際に持てる子ども数は「ゼロ」や「1人」となっている現実を変えようという趣旨が書き込まれていた。

　家族の扶養責任を重くみて、公的福祉の提供はできるだけ小さく限定してきた戦後の「日本型福祉」を、高齢者介護の分野で転換したように、子ども・子育ての分野でも転換しようということを意味していた。別の言い方をすれば、家族主義に基づいた20世紀型の子育て政策を、多世代同居型大家族が減少していく社会の実情に合わせて、より寛大で普遍主義に基づく子育て政策へと見直すことを、国が宣言したものだった。

　だが、このビジョンに基づいて設計された「子ども・子育て支援新システム」やそれを実現するため関連法案は、当時の与党の民主党だけでは国会を通すことはできなかった。消費税増税を含めた一体改革に賛同してくれた自民党と公明党の意向も取り入れ、関連法案を修正することになり、当初の理念や制度設計も軌道修正された。より広く与野党の意向を反映できた面はよかったものの、成立した法律の文面から理念が読み取りにくくなり、新制度の方向性も以前より不鮮明になった。与野党が合意に至るなかで、制度改革の魂ともいうべき理念についての協議をもっと深める必要はあったと思うが、時間的な制約のなかでやむをえなかったとも考えている。

　とはいえ、国の少子化対策の変遷を見守ってきた一人として、私は、新制度の基本的な役割は明確だと考えている。2004年に自民党政権下で閣議決定された少子化社会対策大綱は、その冒頭の前文で、これからの少子化対策の目指すべき方向は「すべての子どもの育ちを社会全体で応援する」ことだという理念を掲げた。延長保育や休日保育などの施策

を束ねただけだったそれまでの少子化対策とは違い、この大綱は、全省庁を巻き込む政府全体の方針として決定された公式の少子化対策だった。当時は新規財源の目途がなかったため、子育ての支援策を大幅に拡充していく展開には至らなかったが、理念上は、少子化対策として目指すべきは「社会全体で子育てを支える」という普遍主義的な政策の推進だということが、自民党政権下でも確認されていたといえる。

　それから10年が経過し、大綱でも掲げた理念が、新制度でようやく具体的な仕組みになった。政治的駆け引きの余波で、民主党政権の「ビジョン」の色合いは薄められたものの、10年前から底流を流れていた理念の指し示す方向は変わっていない。むしろ、長年の懸案だった財源が確保されることになり、いよいよ勢いを得て具体化へと動き出す段階に来たのだと考えている。

5 人口減少の時代に求められること

　では、これからの子育て政策に何が求められているのだろうか。まず認識しなければならないのは、日本が今、歴史上で極めて重要な曲がり角にいるということだ。急激な人口増加の時代だった20世紀が過ぎ去り、これからはちょうど逆の、急激な人口減少が続く時代となる。その入り口にいる私たちは、子育てや次世代育成という問題も、この人口の劇的な変化の流れのなかで考えなければならなくなっている。

　【次のグラフ、国立社会保障・人口問題研究所の金子隆一副所長作成】は、日本の人口構造の変化を最もわかりやすく示しているものだろう。近代化が始まった1880年代から現在までの推移と、人口減少が続くこの先100年の推移の予想をグラフにしたものだ。総人口に占める年少人口（0〜14歳）、生産年齢人口（15〜64歳）、老年人口（65歳以上）

終章　子ども・子育て支援新制度の実施に向けて——今後の流れと課題

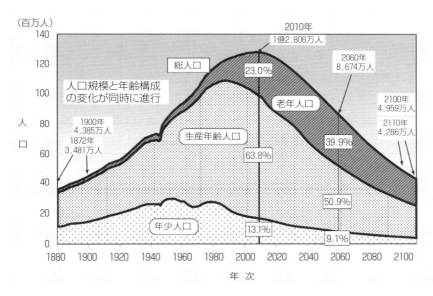

日本の人口推移

のそれぞれの割合を色別に示している。このうちいつも注目されるのが老年人口の割合を指す「高齢化率」だ。2010年の段階で23.0％だった高齢化率は年々上昇しており、2013年にはついに25.1％になった。「働き盛り世代」「支え手世代」と呼ばれる生産年齢人口が1980年代から減っているのに対し、高齢世代の比重は高くなる一方で、50年先には高齢化率が40％を突破することが予告されている。「世界トップの高齢社会」をどう支えていくか。人口減少が深刻化するなか地域社会をどう持続していくかという課題と並んで、最重要の政治課題とされる理由がこのグラフからは一目でわかる。

　しかし、本当に目を向けるべき危機の本質は、「高齢化」ではなく、「子どもが減り続ける少子化」にこそある。毎年の子どもの出生数は年々低下し、まもなく100万人を切ろうとしている。年少人口が縮小している

ことが、その上の「支え手世代」の縮小を招き、老年世代の比重を重くしている。私たちが何よりも優先して取り組むべきは、高齢化への対応ではなく、少子化の現状を一刻も早く改善して、子どもを安心して産み育てられる社会にすることのはずだ。そうすれば、結果として高齢世代の人口割合を予想より低く抑えることが可能となり、人口減少のスピードも緩和できるからだ。

　少子高齢化が進む21世紀に、子どもたちを取り巻く環境は一層劣化していくことがグラフから読み取れる。現在の大人世代の多くは、子どもの人口が多い時代に生まれ、人口全体の3～4割を占める一大勢力の一員として子ども時代を過ごした。自宅の周辺には子どもがいっぱいいて、遊び友達を探す苦労はさほどなかった。学校や幼稚園、保育所の後も、仲間と缶けりや鬼ごっこなどの集団遊びに興じることができた。ところが、人口全体の1割強しか子どもがいない今、学校や保育所などの外で集団遊びをするだけの子どもを集めることは非常に難しくなっている。

　都市部では子どもの人口は比較的密集しているが、空き地や公園などで声をたてて遊ぶと近隣住民から「騒音」「迷惑」と苦情が出る。不審者による事件も多く、子どもが群れて屋外で遊ぶ姿はほぼ消滅した。地方は空間に恵まれていても、子どもの人口が減り、自宅の周りにはおじいちゃん、おばあちゃんばかり・・・となっている。友達と遊びたければ、保護者がアポイントを取り車で送迎しなければならない。学校は統廃合されてバス通学となり、仲間と道草を食いながら通学する楽しさも失われつつある。50年後に子どもが人口全体の1割を割り込むことが予想されているが、仲間と遊び、ケンカし、仲直りする時間も空間も奪われた環境で、次代を担う子どもたちの社会性やコミュニケーション力をどう育むのかが問われている。

終章　子ども・子育て支援新制度の実施に向けて——今後の流れと課題

　こうした子どもの減少は、子育てする親にとっても仲間を見つけることを難しくする。さらに、子どもが社会的マイノリティーになるなか、地域社会で子どもが「迷惑存在」とされる場面が増えていくことが懸念される。保育所の増設に取り組んでいる自治体は、今、「保育所は迷惑施設」という住民への対処に四苦八苦している。どの家庭にも子や孫がいて、「子どもの迷惑はお互い様」と許容されていた空気は急速に失われている。「子どもがマイノリティーになると、社会が『子どもへの免疫』を失う。だから少子化を放置してはいけない」。フランスで子育て政策を取材した際、同国の政府高官が話していた言葉が、日本では現実になりつつあると感じている。

　これまでは、「子どもが減ると年金制度が維持できなくなる」「将来の労働力が減ると経済活力が低下する」という危機感から、少子化問題が議論されることが多かった。しかし、少子化は、子どもたちが健全に力強く育つために必要不可欠な社会環境を消滅させていき、少子化と人口減の悪循環を加速させつつある。高齢化をはるかに上回る深刻で根源的な課題を、私たちに突きつけている。

　こうしたなか、登場した本格的な少子化対策が今回の新制度だ。理念が不明確であったり目指すべき方向がわかりにくいといった面はあっても、主要な与野党が政治力を注いで法律にまでし上げた対策はこれしかない。悲願だった新規の財源も約束された。まずはこの新制度を最大限に活用し、それぞれの地域で子どもたちが育つ環境の劣化を食い止めるよう、市町村を中心に知恵を出し合うことが求められている。

　各地域の人口減少と過疎化は、グラフが示すように、10年もすれば一層スピードを増し、深刻度を増していく。社会全体がある種のパニックに包まれるようになることが懸念され、これからの5年程にどう取り組むかが、日本全体にとっても、各地域にとっても、明暗を分けること

になるだろう。地域の力を結集して子育て支援の方策を作り出せれば、子育て世代の流出を止められるだけでなく、都市生活で疲弊した若い子育て世代を呼び込めるかもしれない。新制度には、地域の力を結集するための新しい仕掛けも組み込まれている。市町村ごとに設置が推奨されている「子ども・子育て会議」。子育て家庭のニーズを把握するための調査と分析。それらを用いた「子ども・子育て支援事業計画」の策定などがそうだ。

　こうした新しい行政ツールを使いこなし、地域ごとの工夫を加え、「おらが町の事業計画」を競い合うようになってほしいと期待している。そうなれば、その地域で育つ子どもや子育て家庭の幸せにつながるのはもちろん、子育てを応援する官民のスクラムを通して、「消滅」の岐路に立つ地域に未来の展望も見えてくると考えるからだ。

6 「少子化神話」を抜け出した国々の共通項

　少子化については今も、誤解に基づく「神話」が少なくない。その代表例は、「豊かな国では少子化は避けられない」「少子化の原因は女性が社会進出したこと」というものだろう。しかし、これらが「迷信」であることは、主要国の合計特殊出生率の推移を描いた次のグラフを見ればわかる。

　主要先進国といわれる国々の間では、日本やドイツ、イタリアのように出生率が低迷して少子化に悩んでいるグループがある一方で、イギリスやフランス、スウェーデンのように出生率が人口維持可能な水準である2.0前後に回復しているグループがある。前者の少子化グループの国々では出生率が1.4前後に集中しているのに対し、少子化を克服した脱・少子化グループの国々は出生率が2.0前後に収斂している。きれいに二

終章　子ども・子育て支援新制度の実施に向けて——今後の流れと課題

主要国の合計特殊出生率の推移

フランス 2.01(2010)
アメリカ 1.93(2010)
イギリス 2.00(2010)
スウェーデン 1.98(2010)
ドイツ 1.39(2010)
日本 1.39(2010)
イタリア 1.40(2010)
韓国 1.23(2010)

日本の合計特殊出生率の年次推移

	昭和60	平成7	17	20	21	22	23
	1.76	1.42	1.26	1.37	1.37	1.39	1.39

資料：人口動態統計(日本)、Births and Deaths in England and Wales, 2010(イギリス)、Bilan demographique(フランス)2010年は暫定値、Statistisches Bundesamt(ドイツ)、Demographic indicators(イタリア)、Summary of Population Statistics(スウェーデン)、National Vital Statistics Reports(アメリカ)、Birth and Death Statistics in 2010(韓国)

極化しているのが近年の特徴だ。

　だが、二極化している国々も、グラフを見ると1970年代まではほぼ同じ動きだったことがわかる。第2次大戦後の直後には、どの国も出生率が高くベビーブームだった。それが、社会が安定し経済が急成長した1970年頃には日本を含め各国とも出生率が下がり始め、2.0を下回って少子化社会になった。ところが、1980年代以降に変化が現れた。日本の出生率は右肩下がりに低下を続けたが、イギリスやフランス、スウェーデンでは出生率が乱高下しながら上昇し始め、2000年代に入るとはっきりと上昇傾向を描くようになり、ついには2.0に到達した。この国々は、女性の社会進出が進んだ1970年代以降、保育サービスの拡大、育児休業制度の導入といった育児と仕事の両立支援や、各種手当や控除の拡充、父親の育児の奨励など、それぞれの国のやり方で子育て政策の強化・拡充に取り組んだことが知られている。

スウェーデンでは1980年代に、保育は希望すれば誰でも利用できるよう普遍化し、保育サービスを大幅に拡充した。育児休業給付の対象も自営業、サラリーマンの区別なく誰でも受けられる普遍的制度とした。若い男女が「子育てしながら働く」生き方を選択することを、社会が応援する考えを明確にした。それを政策で具体的に展開した結果、出生率が大幅に上昇した。フランスでは、1970年代から段階的に子育て支援を強化してきた。今は「女性が働きながら産みたいだけ産める社会」の実現を政府が掲げ、実際に仕事を持つ女性が第三子、第四子を持つことも珍しくない社会になった。これに対し、日本やドイツでは今も保育所が不足し、若い女性が仕事を継続したければ出産は諦めるという「仕事か子育ての二者択一」のジレンマに立たされる。脱・少子化グループの国々では、女性も生涯を通じて働く時代になったことを前提に、母親が育児との両立で行き詰まらないような様々な雇用制度の見直しや子育て支援の充実をはかり、子育てのパートナーとなる男性も含めて長時間労働を制限する法制度を導入した。「両立のジレンマ」を国民が抱えることがないよう社会全体のシステムを転換していったことで、子どもが多く生まれる社会になった。
　今では、先進諸国の間では女性の就労率が高い国ほど出生率が高いという相関関係があることを、経済協力開発機構（OECD）のデータは明らかにしている。これは、単に女性が社会進出すれば少子化が解消するということを意味しているのではない。そうではなく、女性の進出に伴い、保育制度を含めた社会保障制度や税制などの社会システムの全体を、戦後に普及した「男女役割分担型」から「男女共同参画型」へ転換するための努力を重ね、それが成功した国では、女性の就業率も出生率も高くなったことを意味している。そして、「少子化の原因は女性が社会進出したから」「豊かな国では少子化は避けられない」といった神話は、

終章　子ども・子育て支援新制度の実施に向けて――今後の流れと課題

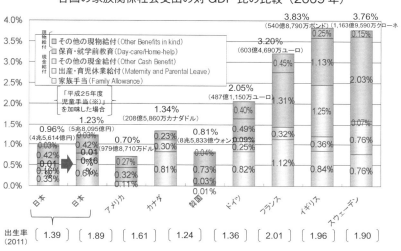

各国の家族関係社会支出の対GDP比の比較（2009年）

(注) OECD: Social Expenditure Database (Version: November 2012)

国際的には今では過去のものとなっている。それを、日本の私たちも知る必要がある。

　見落としてはならないもう一つの共通項が、少子化を克服した国々にはあると指摘されている。各国の子育て政策に対する社会的支出が国内総生産（GDP）に占める割合を比べた時に、出生率が高い国々では3％を上回っている点だ。GDPは、その社会全体で年間に生み出した稼ぎの総量を示しているが、そのうちどの程度の割合を子育て支援に投じたかを示しているのがこの数字だ。2009年のOECDのデータを基にした比較によると、出生率が2.0前後と高いフランス、イギリス、スウェーデンなどの国々は、子育てへ投じた社会支出の割合も高く、フランスは3.20％、イギリスは3.83％、スウェーデンは3.76％だった。これらの国々は、景気低迷が続くなかでもこの比率を高めてきた点も共通している。社会保障制度の仕組みがまったく異なるアメリカのような国を除くと、

子育て支援のために税などの社会支出を多く投じている国が出生率も回復させているという傾向が人口学者によって指摘されている。

日本では、子育てへ投じる社会支出が高齢分野に比べて小さく、長年にわたりＧＤＰ比で0.8％程度となっていた。近年、児童手当の拡充や保育所の増設などで子育て政策へ投じられるお金が徐々に増えており、2009年には1.23％になった。それでも、フランス、イギリス、スウェーデンなどとの開きは大きいままだ。

新制度が本格施行になり、毎年7,000億円が追加で投じられるようになると、子育て支援への支出のGDP比はさらに上昇することになる。それでも、子育てへの投資を高めて少子化を乗り越えた国々の「3％以上」と比べると、まだかなりの開きがある。こうした日本の状況を、グローバルな視点からながめると、危機的な少子化の現状も、実は取り組み次第で克服が可能な課題であることがわかってくる。かつて少子化に悩んだ国々がどう取り組み克服していったかを知れば、自分たちがこれから向かうべき方向もはっきりと見えてくる。これらの国々の共通項である「女性が仕事も育児もできる社会環境」と「子育てにＧＤＰ比3％以上の社会支出」は、重要なヒントを与えてくれる。

7 新制度に残された課題は

新制度の施行を控えて、全国の私立幼稚園に対する意向調査がこの夏、行われた。その結果、回答した私立幼稚園6,805園のうち、2015年度から新制度に移行する方向だと回答したのは1,505園で22.1％にとどまった。新たに認定こども園になって新制度に移行する考えだと答えたのは全体の12.1％の825園だけだった。これに対し、2015年度は新制度に移行しないと回答した私立幼稚園は5,300園、77.9％にも上った。ただし、

終章　子ども・子育て支援新制度の実施に向けて——今後の流れと課題

そのうちの3,341園は、将来的に新制度に移るか否かを状況を見て判断したいと答えた。

つまり、私立幼稚園の8割近くは来年度に新制度へ移行せず、とりあえず今の形態のまま残るが、ほぼ半数の園が将来についてどうするか判断に迷っていることがわかったのだった。

では、新制度の「目玉」とされてきた認定こども園はどうか。家庭の就労状況を問わずにどんな子どもも受け入れ、地域のための子育て支援も行う。学校教育も保育も提供してくれるこども園は、地方でも都市部でも保護者の希望が多い。国は、既に認定を取得しているこども園は全てが新制度に移行するという想定で進めてきた。ところが、全国認定こども園協会による調べでは、認定こども園となっている施設のなかに、新制度のこども園へは移行せず「認定返上」を考えている施設が1割強もあることが明らかになった。幼保一体型のこども園を新制度で増やすはずだったのが、先進的に取り組んできた認定こども園の先行ランナーに、元の幼稚園や認可保育所へ戻る動きが少なからずあるというのだ。定員規模の大きな園が新制度に移行すると減収になってしまう見通しとなったことや、市町村が設定する利用者負担が現在より高くなってしまうケースが出そうなことなどが原因とみられている。

もともとは、保育所をはじめ幼稚園や認定こども園、小規模保育など、同じ地域にある子育て支援の資源を一つの仕組みの下に包摂し、統一のルールと財源で一体的に運営し推進していく姿が期待されていた。政権交代を経て、様々な配慮が加えられてわかりにくくなったとはいえ、目指していたゴールイメージから遠ざかる状況になりつつあるなら、残念といわざるをえない。

こうした事態になっているのは、施設の事業者の側に、運営形態が変更されることに抵抗感が強いこともあるが、国や自治体が作り上げよう

とする子育て環境の将来像が鮮明でないことや、約束されていた財源が施行半年前になってもまだ確保されるかがわからないことなどへの不安や不信感があるためだと感じる。政治も行政も目指すべき方向性を示さず、地域の関係者の間に合意もなければ、誰を信頼して進めばいいかわからないだろう。そうしたなか、多くの事業者が様子見や緊急避難的な対応をとらざるをえなくなっているように思う。

とはいえ、人口減少で多くの地域が存続の危機に立ついま、少子化を放置し、子育てしにくい社会環境を放置しておくという選択肢はなくなっている。各自治体も「子ども・子育て会議」を活用し、地域の各種資源や住民、事業者の力を結集して子育てを応援する取り組みを作っていくことが求められている。

国に求められているのは、第一に、新制度のスムースな走り出しを保障するだけの財源を確保することだ。法律で約束した通り、消費税を引き上げて増税分から7,000億円を新制度に投入する。さらに、新制度の運営に必要とわかっている追加の3,000億円超についても、恒久財源を確保し、サービスの量的拡大だけでなく質的改善も進めることが必要だ。そして、税財源を子育てにきちんと配分するよう、自治体、事業者、保護者、専門職らが声を一つにして働きかけることも必要だろう。

その上で、人口減少を食い止めるを国が目指すというなら、「GDP比3％」を視野に、新制度に必要な1兆円を超える財源確保も考えていかねばらない。また、女性が就業しながら子育てできる環境を、職場でも家庭でも地域でも整備していくことが欠かせない。雇用保険の被保険者だけが受給できる育児休業制度のあり方や、妊娠・出産期に手薄になっている支援の強化、児童保護政策の引き上げなど、新制度では重要なのに検討されなかったテーマがいくつもある。こうした取り組みを今後どうするのか、財源の拡大と合わせて検討することが求められている。

終章　子ども・子育て支援新制度の実施に向けて——今後の流れと課題

　少子化が社会問題として騒がれるようになって25年。事態を改善できず、長年にわたり出生率が低迷した結果、日本はついに人口減少社会になってしまった。1.43と低い現在の出生率では、親たち世代の人口に比べて子どもたち世代の人口は7割に縮小し、この縮小再生産を繰り返していくことになる。人口の減少スピードは年を追うごとに増し、約30年後には、千葉市や仙台市ほどの人口100万人規模の政令指定都市が毎年一つずつ消えていくような状況になると予想されている。

　この異常な未来予測を踏まえ、民間の政策提言グループ「日本創成会議」が今年5月、「2040年までに日本の市区町村の約半数が『消滅』の可能性がある状態に追い込まれかねない」と警鐘を鳴らした。20、30歳代の出産適齢世代の女性の人口が5割以下に減るとみられる896の自治体が「消滅可能性自治体」だと、市町村名を挙げて指摘したことで衝撃を広げた。ついに国も「まち・ひと・しごと創生本部」と検討会議を設置し、対策の検討に入った。

　「日本創成会議」が人口減少を止める戦略の筆頭に掲げたのは「ストップ少子化戦略」、つまり結婚と子育て支援の強化策だった。若い世代の希望を反映して割り出した「希望出生率＝1.8」を2025年までに実現するため、「若者が結婚し、子どもを産み育てやすい環境づくりのため、全ての施策を集中する」ことを提案した。具体的には、子育て世代が年500万円の世帯収入を実現できるよう雇用や生活の安定策を講じることや、結婚・妊娠・出産の切れ目ない支援を行うことなども明記した。どれも、子ども・子育て支援新制度には盛り込まれていない施策だ。新制度は、消費税財源をもらってまず保育や幼児教育を拡充することに主眼が置かれた。子育て支援としては重要なのに盛り込まれなかった施策がいくつもあった。人口減少対策に国が乗り出すなか、新制度では積み残

しとなった施策が、検討課題として浮上することが考えられる。

　育児不安、産後うつ、子どもの貧困、児童虐待、保育所待機児童、小１プロブレム――。雇用が不安定になり、世帯収入が低下し、経済格差や孤立が広がるなか、親たちの生活基盤が脅かされ、子どもや子育てを取り巻く環境はとても厳しくなっている。

　保育や幼児教育、子育て支援活動などにかかわる人たちは、来春に迫った新制度への対応に追われて、その先のことなど考える余裕はないかもしれない。しかし、新制度という大波の背後には、人口減少というさらに大きな津波が押し寄せてきている。それぞれの地域で、子どもや子育て家庭をどう応援し、育てていくか。子どもたちの将来を憂える大人たちには、今、どう動くかが問われている。

おわりに

　この原稿を書いている最中に、衆議院が解散、12月14日に選挙のスケジュールが示された。各党のマニフェストは出そろっていないが、2015年10月に予定されていた消費税率10％への引き上げ延期には異論がないようである。安倍首相は1年半延期の2017年4月からの増税実施を表明している。「子ども・子育て支援新制度」は予定通り実施の方向とのことで、今までの関係各位の努力が無駄にならないように祈るばかりだ。

　「子ども・子育て支援新制度」に関しては、すでに優れた解説書が多く世に出されている。それらを参考にしつつ、編者の二人は違った角度で「新制度」を捉えたいと考えた。それぞれの現場で真摯に実践に携わる者、それぞれの立場で真摯に関心を寄せる者に、どうこの「新制度」を受け止め、自身の実践に落としこんでいくかを問いかけた。その際、こだわったのが「当事者」という問いである。そして、各執筆者が我が事として考え、本音を書いてくれた。自治体関係者や園長・保育者、保護者、全国の当事者の制度理解の一助になれば幸いである。

　また、何人かの執筆者が触れているように、この「新制度」はゴールではなく、始まりにしなければならない。今後は運用しながら、絶えず見直しをし、より良い子育て環境をつくっていく。この本がその一つの指針となるように願っている。

　「新制度」では、第1章の図にあるとおり「子ども・子育て」が「年金」「医療」「介護」と並んで社会保障の4つ葉の一つに位置づけられた。この「社会保障の4つ葉のクローバー」は2005年に柏女霊峰淑徳大学教授が提唱され、それを受けて杉山千佳氏が「4つ葉プロジェクト」という官民あげてのネットワークを構築し、活動し、推進してきた。彼女は

2012年12月に他界したが、ここまでに至るには彼女の功績が少なからずあったことをこの場をお借りしてお伝えしておきたい。

　最後に、本務ご多用の間を縫ってご執筆いただいた各執筆者の皆さま、伴走をしてくださった㈱ぎょうせいに感謝の意を表したい。ありがとうございました。

平成26年12月
今井豊彦

≪執筆者一覧≫

◎は編著者

◎序　章　佐藤　純子（淑徳大学　短期大学部　こども学科　准教授・NPO法人日本プレイセンター協会　理事長）

　第1章　宮武　慎一（社会福祉法人調布白雲福祉会　理事長・株式会社ファン・ファクトリー　代表）

　第2章　溝口　義朗（一般社団法人日本こども育成協議会　副会長・ウッディキッズ　園長）

　第3章　中山　昌樹（全国認定こども園協会　理事・栃木県佐野市　認定こども園あかみ幼稚園　園長）

　第4章　岩井沙弥花（社会福祉法人つくし会　理事長・宮崎県都原保育園　園長・放課後児童クラブみんなのおうち　園長）

　第5章　藤岡喜美子（一般財団法人こども財団　代表理事・公益社団法人日本サードセクター経営者協会　執行理事・特定非営利活動法人市民フォーラム21ＮＰＯセンター　事務局長）

　第6章　松田　妙子（NPO法人せたがや子育てネット　代表・にっぽん子育て応援団）

◎第7章　今井　豊彦（日本保育協会　研修部　次長・日本保育者教育学研究会　代表）

　終　章　榊原　智子（読売新聞東京本社　調査研究本部　主任研究員）

早わかり　子ども・子育て支援新制度
現場はどう変わるのか

平成27年1月30日	第1刷発行
平成27年6月25日	第4刷発行

編　著　　佐藤　純子・今井　豊彦
発　行　　株式会社ぎょうせい

〒136-8575　東京都江東区新木場1-18-11
電話　編集　03-6892-6508
　　　営業　03-6892-6666
　　　フリーコール　0120-953-431

URL：http://gyosei.jp

印刷　ぎょうせいデジタル㈱　　Ⓒ 2015 Printed in Japan
※乱丁・落丁本はおとりかえいたします。
ISBN978-4-324-09893-6
(5108094-00-000)
〔略号：早わかり子育て〕